知識的編輯學

日本編輯教父松岡正剛
教你如何創發新事物

松岡正剛｜著
Seigo MATSUOKA

許郁文｜譯

自由學習 43

知識的編輯學：

日本編輯教父松岡正剛教你如何創發新事物

作　　者 —— 松岡正剛（Seigo MATSUOKA）
譯　　者 —— 許郁文
封面設計 —— 陳文德
內頁排版 —— 薛美惠
校　　對 —— 呂佳真
責任編輯 —— 文及元
行銷業務 —— 劉順眾、顏宏紋、李君宜

總 編 輯 —— 林博華
發 行 人 —— 凃玉雲
出　　版 —— 經濟新潮社
104 台北市民生東路二段 141 號 5 樓
電話：(02)2500-7696 傳真：(02)2500-1955
經濟新潮社部落格：http://ecocite.pixnet.net

發　　行 —— 英屬蓋曼群島商家庭傳媒股份有限公司城邦分公司
台北市中山區民生東路二段 141 號 11 樓
客服服務專線：02-25007718；25007719
24 小時傳真專線：02-25001990；25001991
服務時間：週一至週五上午 09:30-12:00；下午 13:30-17:00
畫撥帳號：19863813；戶名：書虫股份有限公司
讀者服務信箱：service@readingclub.com.tw

香港發行所 —— 城邦（香港）出版集團有限公司
香港灣仔駱克道 193 號東超商業中心 1 樓
電話：25086231 傳真：25789337
E-mail: hkcite@biznetvigator.com

馬新發行所 —— 城邦（馬新）出版集團 Cite(M) Sdn. Bhd. (458372 U)
41, Jalan Radin Anum, Bandar Baru Sri Petaling,
57000 Kuala Lumpur, Malaysia.
電話：(603) 90578822 傳真：(603) 90576622
E-mail: services@cite.my

印　　刷 —— 漾格科技股份有限公司
初版一刷 —— 2023 年 7 月 13 日
ISBN：9786267195352、9786267195369(EPUB)

售價：450 元

推薦序

閱讀經典之前，請先詳閱使用說明書

文／陳夏民（逗點文創結社總編輯）

出版《讓你咻咻咻的人生編輯術》時，我的前言標題寫著「歡迎來到全民編輯時代」——彼時二零一五年，我們已經活在社群媒體之中，用濾鏡編輯自己的臉，用文字編輯自己的形象，試圖用每一則貼文訴說自己的故事。

從那之後而來的幾年，生活大小需求幾乎可以在一台手機上解決，而就在我們習慣了這樣的便利，面對所有創新服務幾乎都能無痛接軌、甚至以為科技已經帶我們前往幸福之高峰時，二〇二三年，ChatGPT 橫空出世，引發一連串的ＡＩ科技展演，學者以ＡＩ整篇論文的重點，ＡＩ孫燕姿開始翻唱他人的歌曲，任何一張迷因或唱片封面也能透過ＡＩ撰寫而有所延伸，帶來更多的故事，甚至連想要道歉也能夠透過ＡＩ寫出一封文字通順的悔過書……

活在此時此刻的我們，的確看見了 a bigger picture。

上述提出的ＡＩ功能，僅是最基本款的，還有更多運用方式等待普及。但光是這些生活之中得以使用的功能，其實也都是「編輯」。如果二零一五年，我們已經進入了全民編輯時代，最需要的是思辨能力，去辨識那些經過編輯過的世界。那麼，活在一個連影像都能夠自然再製，所謂有圖有真相、眼見為憑等規則都被打破的年代，我們又應該如何應對呢？還有更多人開始擔憂，我們會不會被ＡＩ取代呢？

答案仍得回到「編輯」——《知識的編輯學》作者松岡正剛在書中細密說明，人類天生擁有編輯能力，透過編輯語言、行為、科技等，潛移默化地推動文明的進步。敏銳的讀者或許能夠從中獲得啟發，理解此刻的重點，並非恐懼，而是身為人類的我們，要如何使用這些科技的工具，來編輯生活、促進文明。

松岡正剛是誰？松岡正剛在日本成立「編輯工學研究所」，被公認是日本編輯教父，針對文明之進展，他說：「人類的歷史是於硬體技術與軟體技術並行的情況下開始發展……硬體的資訊化應該與軟體的編輯化齊頭並進……硬體的資訊化（資訊技術）與軟體的編輯化（文化技術）還是非融合不可。我認為，合併之後的兩者可稱為『資訊文化技術』。」

硬體資訊化得以促進傳播流通，而軟體的編輯化，則是人類透過編輯，讓內容得以嵌入硬體（或是載體）的規格，加快流通、攪動原本的文明系統，在不失衡的狀態之下，達到物質與精神的進步。然而，他撰寫這句話之後，同時也憂慮了電腦的發展，「因為今時今日的資訊技術是由未經整合的媒體技術拼湊而成。文字資訊是由文字處理技術產生，視覺資訊是由視訊技術與動畫技術製作，語音資訊是由錄音技術與語音合成技術製作，而計算的部分則是由眾所皆知的電腦負責。硬是要以這些技術湊成電子政府或是智慧家庭實在是很奇怪的事。」

如果我們以當代眼光來判讀上述的段落，或許會認定這一位作者與當代科技生活格格不入，畢竟他所憂慮的事情似乎怪怪的，畢竟對經歷過疫情的我們，對各種科技與政令的結合，以及從中獲得的便利與安全感，可是毫不陌生呢。

但你知道嗎？你手上的這一本書，寫於二十年前，可說是日本談論編輯這門學問時，無法迴避的經典作品唷。

當時的松岡正剛的確一語中的，點出該時空背景下，硬體與軟體撕裂的狀態：「網路上的網頁或是會議室都還只是一堆文字，也還看不見比過去任何時代更加濃密的雙向溝通，以及從這類溝通產生的『文化特徵』。我認為這是因為文字溝通的歷史定位被輕忽的原因。」以現在的白話文來詮釋，或許類似「有了 Power Point 好開心，於是把一整頁講稿全部塞進去單一投影片裡面」那種感覺。

經典的意義在於，能夠持續地與當代對話，在我閱讀《知識的編輯學》時，每次讀到作者提出警訊，若是已經改善，我就會鬆一口氣，「幸好時代真的進步了！」但我仍然常在他的論述之中，讀見當代文明許多缺失與危險之處，例如「流竄於網路的各種資訊也有可能是資訊沙林毒氣」，然後我放下書稿，想想每天手機到底要收到多少假新聞、一頁式詐騙網頁，而覺得好絕望啊。

但對於積極與學界、產業界對話，甚至會自己拆解蘋果電腦，想要搞懂電腦語言與溝通系統的松岡正剛而言，世界還是充滿光明。他比我們樂觀得多，依舊鼓勵思考，鼓勵創造，也在追求學問的過程當中追問自己，什麼是編輯之道。

身為一個出版人，或許算是有訓練的讀者了，但我仍然得說《知識的編輯學》的閱讀過程並不容易，閱讀過程中，我一直想起大學時代某些非常扎實的通識課：一方面讚嘆老師如何讓我看見世界的暗面，卻又巴不得想逃跑，畢竟身為學生（讀者）的我，所面對的可是一個龐大且極具深度的知識系統啊。

但你我都清楚，所謂快樂學習都是騙人的。真正想要學東西，尤其是好東西，可從來都不輕鬆啊。

無論如何，歡迎你翻閱這本書，建議你從結語開始閱讀，讀完了再從頭開始，難度會降低許多，甚至可以跳著先讀第三到第五章，先對作者的工作與生活有所理解，再慢慢認識這位編輯大師。

我相信，隨著書頁前進，你將看見一位編輯除了鑽研自身專業，甚至化身為學者去研究、歸納，把編輯這項專業化成一個體系——這種不惜一切追求知識的燙熱之情，絕對也能傳遞到你的指尖。

推薦序

編輯，就是萃取知識、找出價值的過程

文／林聖修（啟明出版發行人）

美國勞工統計局預估，二〇二一年到二〇三一年，編輯的就業人數將減少百分之五。儘管就業人數下降，但在接下來十年中，每年預計仍有一萬零兩百個職缺。所有這些職缺都是為了補上轉職或退出勞動力市場的人力。美國勞工統計局更接著表示，「隨著傳統印刷出版物被其他媒體形式所取代，編輯們正在將注意力轉移到線上媒體。儘管網路媒體在增長，但傳統印刷雜誌和報紙讀者的減少將導致編輯的整體就業人數下降」。

儘管納入了線上媒體，編輯的就業前景仍然不佳。在這樣的時候，編輯的能力是否仍然重要呢？

如果我們更廣泛地將編輯視作將文字、聲音、圖像、影像等資訊商品化的過程，想必就業前景會有所不同。例如在本書的開頭，作者就引用了日本月刊《中央公論》某一期的內容指出「編輯者就是資訊產業的技師」，直接指出了編輯與資料科學家（Data Scientist）的連結。

所謂資料科學，指的乃是一門利用數據學習知識的學科，其目標是通過從資料中提取出有價值的部分來生產資料產品。而同樣根據美國勞工統計局的預估，在同一個十年內，資料科學家的職缺可是將有百分之三十六的大幅成長！

當然，決不可小覷的是，不同領域的「編輯」將面對不同知識領域學問的要求。但在這其中，有沒有共通的方法或思維，我想正是松岡正剛這本《知識的編輯學》探討的問題。

目次

I
編輯的入口

第一章

遊戲的愉悅

1 編輯充斥於每個角落

電影導演黑澤明常把「電影的本質是編輯」掛在嘴邊，而在更久之前，前國立民族學博物館館長梅棹忠夫就曾主張，「編輯這種行為就是現代資訊產業社會迎向黎明的象徵」。帶領神戶製鋼橄欖球隊七連霸的教練平尾誠二也曾表示「橄欖球的重點在於編輯」。

到底在此提及的「編輯」是何物呢？聽起來似乎是個很迷人的詞彙，但與普羅大眾認知的「編輯」又有哪裡不同呢？

若從平尾誠二那句「橄欖球的重點在於編輯」來看，在平尾的認知之中，早期的日本橄欖球是「具有型（固定模式）的橄欖球。所謂「早期的橄欖球」大概就是為新日鐵釜石創造七連霸佳績的松尾雄治的橄欖球哲學，或是早稻田大學的「撼動式橄欖球」以及明治的「進擊式橄欖球」，這些都是具有特定模式的橄欖球風格。

反觀從同志社轉入神戶製鋼的平尾則高聲提倡「橄欖球是瞬息萬變的運動」或是「橄欖球是

不斷發現相關性的運動」，這意味著「橄欖球是著墨於編輯的運動」。

平尾曾說「編輯之於橄欖球，不僅僅是編輯球，還編輯球員之間的關係，這才是我心目中的橄欖球」，據說也正是因為這樣，平尾才把神戶製鋼橄欖球隊的每位球員的個人特質全記在心裡。「我可是透過接球球員的表情決定戰術的喲，如果沒辦法讀懂對方的表情，就沒辦法編輯球賽了喲。」

源自這種體悟的「編輯」實在新穎，原比刻板印象中的「編輯」一詞來得更有活力，變化的力道也更加豐沛。

另一方面，黑澤明與梅棹忠夫看重的「編輯」似應該與創作或是歷史文化的本質有關。一如「電影的本質是編輯」這句名言，電影並不是透過最後一步的剪接影片作業說故事，而是電影本身就是所謂的編輯。

此外，梅棹忠夫也曾一再強調，文明得以形成與成熟的動力，全來自資訊不斷編輯的過程，當資訊產業社會愈來愈發展，「編輯」所扮演的角色就愈來愈重要。一九八八年九月號的《中央公論》就曾提到，「現代是資訊產業不斷開創的時代，當資訊產業變得既龐大又多元，廣義的編輯者等同於工業時代的技師」，而且還以「編輯者就是資訊產業的技師」作為補充。這類主張讓人進一步意識到層次更高的「編輯文化」，而不是一般認知的「編輯」。

本書打算從不同的角度切入各式各樣的「編輯」，挖掘這些「編輯」的祕密。

如今，我們已被大量的資訊淹沒，暴露在為數眾多的媒體之中，不管再怎麼掙扎，也絕對不可能憑一己之力，處理如此龐雜的資訊。

為此，每個人早已習慣透過報紙、電視、雜誌或書籍，快速閱覽各種資訊，最近還能透過廣播衛星（Broadcasting Satellite，ＢＳ）、通訊衛星（Communications Satellite，ＣＳ）收看或收聽節目，或以網路與手機閱讀新聞。

這世上充滿了多如恆河沙的資訊，而上述這些透過報紙、電視或雜誌傳播的資訊充其量只是精挑細選之後的極少部分，而現在已是能快速閱覽這些資訊的時代，能隨時挑出想要的資訊，而且還很容易閱讀。話說回來，也不能囫圇吞棗地接受這些新聞或報導，因為這些資訊都經過編輯，並非事實本身，但報紙的讀者或是電視的閱聽大眾常以為新聞報導就是客觀的事實，但天底下根本沒有所謂的客觀，任何新聞都是經過編輯的新聞。

報紙的報導是由記者所寫。持平而論，記者寫的內容只能算是事實的片段，而且各家報社切入的角度也不同，報導通常是由記者或總編下標，標題是「隧道意外」還是「隧道慘案」，語氣可說是完全不同。即使是同一篇報導，標題可以是「首相，痛苦的決定」，也可以是「首相，總算下定決心」，整篇報導所散發的氣息也會截然不同，說到底，沒有人能原封不動地陳述事實，而這部分也成了各家報社自由揮灑的空間。

電視新聞也免不了加油添醋。

乍看之下，這些電視新聞好像原封不動地報導了民眾應知的事實，但只要有機會參觀電視台的編輯室，就會發現電視台其實是把十倍至五十倍的素材剪成新的素材，再套上旁白或是主播的台詞。

差不多是在一九八五年前後，日本的電視新聞或新聞秀開始在畫面放上占領整個畫面的字卡，最經典的例子之一就是主播一說完「接下來，為大家追擊奧姆真理教事件的背後真相」，畫面立刻被「麻原彰晃，少年時期的驚人事實」的斗大標題占滿的手法，這不禁讓人覺得，電視台也向雜誌靠攏，如果是新聞秀的話，大概每四十秒會出現一次這種字卡。

即使如此，還是會有人提出異議，認為電視的鏡頭傳遞了所謂的真相，但其實真相是難以傳遞的。比方說，在某位示威遊行的老婦人的跌倒畫面後頭，接上警察持棍圍毆的畫面，一定會讓人覺得警察很「過分」，反過來說，閱聽大眾應該對於電視台的剪接方式多一分警戒。

報紙或是電車車廂的吊牌廣告都會植入週刊雜誌的廣告，而且很多廣告都設計得很花稍與誇張。說是誇張，也不是視覺上的誇飾，而是塞滿了各種字體大小不一的報導標題。就算不買這些週刊雜誌，光是看這些廣告，大致上就能得知這些週刊雜誌的內容。

雖然這些用來裝飾廣告的詞彙算是標題的一種，但是讀者也知道，這些標題往往過於浮誇，只不過這些標題還是能激起讀者的好奇心，最近連報紙最後一版的電視節目表也開始出現斗大的標題。比方說，「那位知名的梅宮主播話說到一半，突然號啕大哭」這類標題，也有這種「叢林深處到底會出現什麼！」的釣魚標題，看上去就像是週刊雜誌才會使用的手法，但閱聽大眾的確有可能因為這些標題而收看節目（也有可能覺得這手法太蠢，而不屑一顧）。

標題不是內容，而是凸顯內容特色的旗幟，是讓閱聽大眾知道，在這個旗幟之下「匯集了各式各樣的資訊喲」的符號。

所以，就算因為「無人知曉的澀谷美食資訊」或是「去除皺紋的化妝品」這類文案而買了該雜誌，也不一定就能取得完全適合自己的美食資訊或是美容資訊，而且這類資訊通常只是那家店的照片，或是兩、三道料理的照片，也可能只是商品的照片，沒有任何進一步的資訊，不過，讀者明明也知道這點，卻還是想打開這個旗幟下的資訊檔案，會覺得被騙也是意料中事。

也就是說，標題只是誘發閱聽大眾進一步閱讀深層資訊的引子。

一如孫子兵法所述，戰國時代的武將會舉著戰旗、大纛、馬印。這些標誌除了用來辨識敵我，也可用來欺騙敵人，這一切都是因為旗幟擁有驚人的資訊力，所以雙方的軍師都會絞盡腦汁，思考該怎麼以這些旗幟列陣。

比標題更為單純的符號則是書名。

比方說，司馬遼太郎的《這個國家的形狀》或是艾瑞克・勒納所著的 *The Big Bang Never Happened*、立花隆的《猴子學的現在》，都會讓讀者從書店的書架拿下這本書翻閱看看。

反之，讀者無法從《蘇菲的世界》這種書名得知這本書是戀愛小說、懸疑小說還是哲學書，此時出版社就會加上副標題或是纏上書腰。以喬斯坦・賈德所著的《蘇菲的世界》為例，日文的副標題就是「來自哲學家的不可思議的一封信」，書腰則是「全世界都在讀的哲學奇幻小說，你是誰？」如此便可依此線索推敲書中內容。

由此可知，書名或是標題是最能體現「編輯究竟為何物」的例子，儘管書名或標題只是資訊的部分特徵，卻也是讓使用者得以接近那引人入勝的「資訊之箱」的旗幟。使用者一邊接近這散發著吸引力的旗幟，一邊打開雜誌、書籍或電視這些「資訊之箱」。

簡單來說，編輯這種架構的基本特徵在於替大眾有可能感興趣的資訊叢集創造特徵，讓大眾願意從資訊的外側走進資訊的深處，整個過程很像是在編寫某種程式。不管是橄欖球的比賽、美食資訊還是宇宙起源的大爆炸，在人們一步步接近這些「資訊之箱」之際，陸續為他們提供更深層的資訊，以及這些資訊的特徵，便是所謂的編輯。

如此看來，我們應該可暫時將編輯定義為「解讀目標資訊的結構，再以嶄新的設計傳遞這些資訊的作業」。

也就是說，讀者的第一步是先閱讀書名，其次是閱讀標題。如果這樣還無法吸引讀者的目光，就可仿照體育新聞的做法，將標題放大到令人傻眼的地步，或是利用一些諧音吸引讀者的注意力。

這些技巧不只應用在報紙、雜誌、電視所組成的媒體世界。小說、漫畫、連續劇也會使用這些技巧，甚至企畫書、業務報告、活動、都市計畫、政策也都看得到這些技巧，若是說得更正確的話，這些領域才更應該活用編輯的技巧，因為乏人問津的報告或是企畫，往往缺乏所謂的「編輯力」。

為了避免引起誤會，在此提及的「編輯力」並非記者、編輯、電視導演所具備的能力，而是電影導演、橄欖球隊隊長、業務部長、技術開發部長、廚師、正在養兒育女的母親所具備的能力。

京都花背美山莊的中東吉次與瓢亭的高橋英一可說是引領京都料理的兩位名人（遺憾的是，中東吉次已於一九九三年辭世）。我與中東先生對談時，中東先生曾提到「料理就是編輯」。每一位在平井雷太主持的「RAKUDA 塾」看過小孩學習狀況的母親也都提到「帶小孩就是一種編輯」。

所謂的「編輯力」，其實潛藏在每個角落。

廚師與母親當然不會寫什麼標題，也不會剪接影片，卻做著極為類似，甚至是有過之而無不及的事情。廚師會先視料理的種類準備不同的食材，再根據長年累積的經驗，建立完美的烹調流程。

這就是一種編寫流程的過程。開始烹調之後，必須同時進行很多個步驟，例如一會兒撈除浮沫，一會兒將食物雕成裝飾品，一會兒又得調整瓦斯爐的火力，而且還得考慮是要使用織部的盤子，還是漆器碗，也得調整擺盤的量，最後還得想個「海膽蒸蕪菁佐松葉」這類響噹噹的菜名，更得依照客人的進食速度上菜，這個流程絕對是不折不扣的編輯。

至於全世界的母親的工作都與編輯有關這點，應該不需要我多做解釋了。

於維也納出生的奧地利哲學家伊萬．伊里奇曾替家庭主婦與母親的日常工作取了「影子工作」這個名字，而在我這個沒有小孩的人眼中，這些主婦與母親時時刻刻透過讓人讚嘆不已的編輯力，完成她們的日常工作。例如從我妹妹身上就可以發現那直可稱為奇蹟的編輯力，因為她可以一邊帶小孩，一邊在石油公司服務，還能負責照顧媽媽以及支持自己的丈夫。這一切是她透過日常生活編排的一本雜誌，一本活生生的雜誌。

若問，編輯能不能成為在任何領域活用的武器，將在後續的章節介紹。接下來就讓我們試著觀察上述的編輯與其特有的結構是如何誕生的。

其實從小孩子的聯想遊戲就能發現所謂的「編輯」。請大家暫時回到往日的記憶之中，思考奠定編輯基礎的「詞彙」。

2 在聯想遊戲之中

每個人都潛藏著「編輯」這項本能，但是若不透過工作或是創作呈現，就難以看出這項本能的輪廓。話說回來，這種看得出輪廓的本能也不完全等於編輯。許多看似不起眼的地方，其實都蘊含著各種「編輯力」。

這世上有一種「聯想遊戲」。

這是好幾個人圍成一圈坐著，然後由其中一人先說出一個單字，接著由旁邊的人說出與該單字有關的另一個單字，接下再由下一個人接棒的遊戲。比方說：

「蘋果→紅色→血→受傷→運動→棒球→大巨蛋→日本第一→桃太郎」

遊戲會以上述的聯想過程進行。這雖然是簡單到不行的遊戲，但只要仔細想想就會發現，有一些值得一學的事物。

第一個值得學習的就是，一個單字的周邊領域非常廣闊，而這個領域吊著許多似是而非的影像。以「蘋果」為例，旁邊吊著「紅色」這種詞彙，或是吊著「圓形的」、「青森縣」、「美空雲雀的歌曲」這些資訊影像。一如紐約被暱稱為「大蘋果」或是「蘋果公司」這個公司名稱，都利用了蘋果這個單字所擁有的廣泛意義。

第二個值得學習的是，不管是哪個單字，總是會與其他單字有所關聯。比方說，「肯定」這個單字就很少自己出現，總是會以「一定要再見面喲」或是「一定會放晴的喲」這種形式與其他單字連結。「國家」這個單字也一樣，看上去有獨立自主的意思，卻無法與豐饒、富庶這類意思有關。「國家不是幻想的共同體嗎？」國家這個單字通常會以這種方式與其他單字建立關聯性。詞彙是一種非常不穩定，又無法單獨存在的東西，會一直企圖與其他東西化合，所以這世上才會有所謂的聯想遊戲。

第三個值得學習的是，我們是透過這些聯想進行溝通。比方說，當Ａ說：「今天看的電影很棒耶，只是有點懸疑而已」，Ｂ就會因為這番話聯想到模糊不明的資訊空間，接著問Ａ：「所以你覺得很可怕？」當Ａ接著回答：「不會耶，哈里遜福特雖然一直被逼入困境，卻沒拍出總統官邸的那群人有多麼囂張」，如此一來，雙方就完成溝通了。

為什麼我們能如此溝通呢？

那是因為足以稱為聯想鎖鏈的深層資訊連結，讓雙方的溝通得以實現。「哈里遜・福特」、「被逼入絕境」、「總統官邸」、「囂張的一群人」、「未被描繪」、「可怕」、「不會耶」……光是這些單字就能猜出語音，而溝通就是這麼回事。不過，要想知道聯想鎖鏈的真面目，就必須先了解「詞彙」為何物。

說到底，詞彙是一種表達意思所需的道具（符號）。其證據之一，就是在詞彙尚未問世之際，要想說明蘋果，就只能將圓滾滾的紅色蘋果拿到對方面前。

嬰兒很常如此表達自己的意思。不知道「小熊」、「玩具」、「跟我玩」這些單字的小寶寶，只能將小熊玩偶拿到媽媽面前，指著玩偶要媽媽跟他一起玩。如果想要的是蘋果，就得先將蘋果帶到媽媽面前。指著畫本裡面的蘋果，也有一樣的效果，不過這時候有可能會不清不楚地說著「媽媽，這個，媽媽這個」（這就是在極早期發生的指示代名詞）。

等到終於知道蘋果這個單字的發音之後，就會知道說出「蘋果」這個單字，是在說他所知道的那個蘋果。

等到學會讓蘋果與其他單字搭配，說出「蘋果，要吃」這類句子，就會懂得要求現場看不見的蘋果。換句話說，能夠讓原本不存在的蘋果出現在眼前。此外，若是懂得拉高語尾的音調，說出「蘋果，要吃嗎？」然後對方也點了點頭，腦海就會悄然浮現蘋果的影像。這就是詞彙與影像連結的瞬間，而詞彙能喚醒足以與實物媲美的影像。

詞彙的確具有這種基本性質，但請讓我在此加個但書。不管從哪個角度看，「蘋果」這兩個中文字都不像是真正的蘋果，就連發音也與蘋果沒什麼關係。

更重要的是，就算說出Apple這個英文，或是寫出「蘋果」這兩個字，蘋果的影像終究只存在於腦海之中，代表蘋果的發音或是文字，其實未直接與蘋果的影像連結。

這就是斐迪南・德・索緒爾這位開創二十世紀語言學先河的瑞士語言學家所說的「符號的任意性」。我們在思考詞彙的基本性質時，常常會提起這個問題，不過，不需要在意如此麻煩的問題。由於索緒爾否定足以瓦解西歐傳統形而上學與科學經驗主義的二元對立思考，所以偶爾撿起來讀一讀，有可能會覺得很有趣。

現在已經知道詞彙的符號具有喚醒影像的力量。那麼，記住擁有這種力量的詞彙愈多，為什麼就能將這些詞彙串起來使用呢？

這是個很難一語道盡的問題，我也不敢在此隨便作答，但要繼續討論下去，似乎還是得稍微說明一下。簡單來說，我們的大腦是由「單字的目錄」，以及與這個單字目錄對應的「影像字典」所組成。這個「單字目錄」與「影像字典」同時存在，是詞彙可付諸實用的第一步。

我到現在都還清楚記得，國中生的我不懂「雪辱」（雪恥）這個詞彙的意思，而且我連這個詞彙的發音也不知道。但是，這個詞彙常在報紙的體育版出現，所以我每次看到它，都選擇忽略不讀。後來我問父親這個詞彙的意思，父親告訴我這個詞彙的意思是「之前輸掉比賽的隊伍贏回比賽」，但我還是不大了解與這個詞彙連結的影像。

當時的我是南海鷹的狂熱球迷，某天連續輸給西鐵兩次的南海在第三戰逆轉勝的時候，報紙以「雪辱」這個詞彙形容這次的逆轉勝，而我也在讀完報紙之後，硬是把「雪辱」這個字背了起來。自此，只要我看到「雪辱」這個單字，腦海就會自動浮現「連續輸給西鐵兩次，於第三戰逆轉勝的南海」這個影像。看來「雪辱」這個單字與南海西鐵戰的影像連結在一起了。

「單字目錄」就是像這樣與「影像字典」對應。不過，這只算是第一階段，之後還得加入「規則群」，而這屬於第二階段。

所謂的「規則群」大概就是所謂的「文法」，但其實不只如此。本書所說的「規則群」除了是文法書的那些文法，還像是網球拍回饋的「手感」般，會在使用的過程中慢慢體會與吸收，抑或透過與生俱來的「感受」學習。

若問「文法到底是什麼？」至今仍沒有標準答案。若問為什麼？是因為語言學家至今還未釐清用來掌握文法的語言學結構，研究學者的主張也分成兩派。一派認為「在使用詞彙的過程中，漸漸掌握詞彙」，一派認為「早在出生之前，我們就已經具備最原始的文法概念」，而且這兩派是互相對立的。

前者屬於隨著成長，學會文法的主張，也就是瑞士發展心理學家尚．皮亞傑的說法，後者則認為人類在出生之際，就具備產生文法的能力，也就是美國語言學家諾姆．杭士基的說法（這個派別的部分人士目前正在研究「文法基因」）。

姑且不論皮亞傑的主張還是杭士基的說法正確，真正重要的是，不管是誰，只要時機一到，就一定能獲得或產生所謂的「規則群」。

這意思是只要小時候住在英國或美國這類英語國家（在七歲之前為最佳），不用特地學習英文文法也能說英文，同時還能學會粗淺的英文文法。而且，這個「規則群」除了包含詞彙的順序，還包含替別人的一字一句加入句號或逗號的時間點，或是所謂的聲調，以及視情況使用正確詞彙的知識。

一旦「單字目錄」、「影像字典」與「規則群」像這樣完美融合，我們就具備進行聯想遊戲的能力。

剛剛介紹了「蘋果→紅色→血→受傷→運動……」的聯想過程，想必大家已經更能了解，在這個連鎖之中，發生了什麼事。是的，我們不是直接將「蘋果」與「紅色」串在一起，而是利用「單字目錄」、「影像字典」與「規則群」陸續導出單字之間的關係。

其中發生了許多單字不會出現的「資訊連鎖反應」。若問該怎麼說明這個看不見的資訊連鎖反應，以每個人都能心領神會的例子而言，大家不妨回想一下，躺在床上，準備睡覺的時候，都想到哪些事。明明躺在床上的我們一句話也沒說，腦海卻不斷浮現某些詞彙、影像或是場景。雖然這會讓我們難以入眠，但是若說這時候到底發生了什麼事情，那就是「單字目錄」與「影像字典」擅自運作，如果自行運作的程度更加激烈，那就是我們熟知的「夢」了。

做夢的時候，應該只能感受到單字之間的相關性在形成，也就是資訊連鎖反應正在發酵，而這一切都是因為「規則群」的桶箍鬆掉了。

再怎麼說，我們抓住這種資訊連鎖反應的感覺，以及在不知不覺的情況下，一邊猶如耍雜技般，編輯自己的想法與對方的詞彙，一邊透過聯想遊戲享受將「蘋果」這個單字連接到「桃太郎」這個單字的過程。我重視的是在這個過程中發生的「奇妙之力」。此外，察覺這種資訊連鎖反應，以及反過來應用這種感覺，正是接下來要一步步說明的「編輯技術」。

話說如此，其中沒什麼特別困難的技術。活用資訊連鎖反應這件事，是廚師、母親以及任何人都具備的編輯技術。在此讓我們將注意力拉回遊戲，只要學會遊戲，就等於學會編輯。

話說，遊戲的本質就是編輯。

尤其兒童是編輯的天才，總是能透過聯想發現新遊戲。就算手邊沒有任何遊戲道具，也可以兩個人躺在堤防上，形容天上的雲長得像什麼東西。如果手邊有腳踏車的零件或是碎布，就能拿來玩遊戲。光是這樣就能成局，也是不折不扣的編輯。

遊戲的本質是編輯，意味著編輯的本質為遊戲。二十世紀法國知識分子羅傑・凱窪曾將遊戲分成四大類型，分別是競爭（agon）、機運（alea）、模仿（mimicry）與暈眩（ilinx）這四種。

競爭（agon）是敵對的雙方在單一場域之內鬥爭的遊戲。大多數的體育競技都屬於競爭的遊戲。早期的戰爭也是一種競爭，比方說，決定天下大勢的關原之戰就是在單一場域之內一決雌雄，所以屬於競爭的遊戲。機運（alea）在拉丁語是骰子遊戲，與其說是戰勝對手，不如說是與看不見的運氣對戰。撲克牌、麻將這類遊戲都有一隻看不見的「手」在操縱命運，卻也因為夾雜了運氣，這類遊戲才變得有趣。為自己占卜的占卜遊戲也屬於機運的遊戲。

模仿（mimicry）這種遊戲則是一邊模仿、一邊複製、一邊享受的資訊遊戲。學生把老師的長相畫在筆記本，或是企業仿冒敵對企業的產品，都屬於模仿的遊戲。第四種的暈眩遊戲則是讓人陷入頭昏眼花、痙攣、出神狀態的遊戲。小孩子不斷地旋轉，人們對F1比賽的狂熱與一同冥想的集團，都屬於暈眩的遊戲。

這些就是凱窪分類的四大遊戲，而這四種遊戲都是真正的編輯。這些遊戲都具有顯著的「自我編輯性」，而這部分將在後續說明。

順帶一提，這些遊戲都有嬉玩（paidia）的特徵，也就是即時的興奮，此外，還有另一個共通之處，那就是所謂的競玩（ludus），也就是願意無償挑戰困難的態度。

「嬉玩」與「競玩」都是遊戲的本質，也是編輯的本質。簡單來說，先嬉玩再競玩，這就是具有編輯性質的遊戲。

不過，凱窪應該是根據生理與心理的嬉玩與競玩分類遊戲，但藏在編輯本質之中的遊戲其實更偏向資訊類的遊戲。若問哪個部分具有資訊類的特色，那就是編輯工學與身體興奮或是享受加速感的過程類似，會產生讓腦內資訊迴路加速運轉的嬉玩與競玩。虛擬實境（Virtual Reality，VR）的發明人傑容藍尼爾曾在蒙特雷市舉辦的多媒體研討會一邊挽起如獅子鬃毛的長髮，一邊說道「VR就是一種嬉玩」。

還有一項凱窪未提及的事情。那就是有些遊戲的「規則群」很嚴謹，例如體育或是將棋這類遊戲就是其中之一，有些遊戲的「規則群」卻很寬鬆，例如孩子們想像雲朵長得像什麼形狀的遊戲就是其中之一（當然，規則群是嚴謹還是寬鬆，都由當事人自行決定）。凱窪雖然是一位創意無邊的人，但在系統思考這個部分，卻顯得有些天馬行空。

不論如何，遊戲是編輯的老師，不懂遊戲，就無法編輯，所以要撥雲見日，進入編輯技術的世界，就必須試著一頭栽進遊戲與編輯全部混在一起的狀態。

為了說明這點，在此要稍微介紹一下我設計的編輯遊戲。到目前為止，我設計了幾十種編輯遊戲，這些編輯遊戲除了揭露編輯冰山一角的祕密，也暗示著大部分的遊戲都與編輯有關。這次要介紹的是稱為 mimelogia（模仿與類推）的編輯遊戲，遊戲的方法如下。

這個遊戲只需要紙與鉛筆就能開始玩。遊戲人數不限，也可以分成東西兩隊或是源平兩隊（源氏與平氏）。

身為導演的人可隨機發出寫著「咖啡與紅茶」、「時鐘與眼鏡」、「山口百惠與松田聖子」，這類乍看之下相似，意義卻不同的詞彙的紙張，或是發出寫著「馬與竹」、「足球與拉鏈」、「TOYOTA 與資生堂」，這類風馬牛不相及的詞彙的紙張，參賽者則可在這些紙寫上類似「上午的咖啡、下午的紅茶」、「後來才笑出來的百惠、先笑出來的聖子」這種凸顯兩者對比性的詞彙。以「西瓜與哈密瓜」為例，就可寫成「摺疊桌的西瓜、高腳桌的哈密瓜」或是「鄉下的西瓜、都市的哈密瓜」以及「大叔的西瓜、大嬸的哈密瓜」這種內容。

原則上，這是比賽對比與聯想的遊戲，有些強調的方式會讓人捧腹大笑，有些則會讓現場的氣氛為之一冷。將資訊放進這種對比的模式之中，結果就昭然若揭。比方說，「山口百惠與松田聖子」、「馬與竹」、「TOYOTA 與資生堂」這些兩兩一組的詞彙，就已經巧妙地引導我們前往書名或標題所蘊藏的資訊，也讓我們不知不覺地使用了「單字目錄」與「影像字典」。

更令人玩味的是，一試玩 mimelogia 這個編輯遊戲就會知道，每位成員都能立刻分辨哪些例子比較好，哪些例子比較不好。

簡單來說，每位成員會在當下評論彼此，全體適用的評估標準也會油然而生。這也是相當重要的部分。

不是由權威或是別人評估，而是自行評估彼此這點非常有趣。所以就算某個人擔任裁判，也不太會有人抱怨。這個道理也適用於連歌與俳諧，重點不在於結果的好壞，而在於現場的每個人是否巧妙地運用了該「場域」的力量。這不是客觀的評估標準，而是會往當下的每個人想要的方向發展，所以連歌或連句才會自然而然地出現「付句」這種接對前句的規則，這也是「一座建立」（現場成員因感動而融為一體的意思）這個詞彙的由來。

如果進一步觀察這個遊戲，就會發現當一個詞彙與另一個詞彙成為「一組」，就能看到詞彙原有的動向。比方說，提到「雙唇緊閉的山口百惠」，就會想到「齙牙的松田聖子」，換句話說，A 資訊像是在遊戲之中，追尋著另一個片段的 B 資訊。

資訊會喚來資訊。

資訊會誘導資訊。

這是本書非常重視的部分，也可另行解釋為「資訊不會孤立」或是「資訊無法離群索居」，當然也可以說成「資訊自有去處」。

就資訊會誘導資訊這點而言，所謂的誘導是走柔和的路線。此外，資訊若真的自有去處，只要能正確預測去處，就能預先建立單字或概念的網絡。

如此一來，不需讓「單字目錄」與「影像字典」逐步對應，也能在「單字目錄」的內部找出環環相扣的部分，這也可以解釋成「單字目錄」擁有所謂的內部構造。每張單字列表就像是樹狀圖彼此連結，而且每張單字列表都有從列表移動至另一張列表的提示（這部分稱為有限狀態模型，或稱為馬可夫模型（Markov Model）。

聯想遊戲能給予我們上述這些提示。

重點在於我們是透過這種聯想遊戲了解何謂「編輯狀態」。當我們愈是深入探索資訊那環環相扣的結構，就愈有機會發現編輯的祕密蘊藏其中。

3 資訊總是彼此串聯

過去有段時間，「微電腦現炊電子鍋」這項商品非常熱賣。這是在電鍋的電路使用微晶片控制煮飯模式的商品，也因為「現炊」這兩個字而成為超級熱賣的商品。

如今已有非常多的產品都使用這種小型的電腦線路，例如冷氣機、電熱毯或是汽車都是其中之一。只要是「資訊家電」，都需要讓人感到舒適的電子編輯技術。現在的家電製造商無不追求這種「電子性的舒適感」，而這個部分也與編輯有關。

話說回來，電腦原本只是計算機。

電腦最初只是正反器（flip-flop）這種小型電路。所謂的正反器電路就是能從兩種狀態之中，選擇一種的基本電路，而這兩種狀態可利用 1 與 0 表示。不管是哪種電腦，都是利用這種電路交織而成，而這種電路也稱為「愛克士約丹電路」(Eccles Jordan Circuit)。

對一般的使用者來說，很難想像「現炊」這種方便性居然是利用這種電路創造的。光是聽到

「現炊」這個字眼，就會讓人聯想到散發著銀色光澤、粒粒分明的飯粒，「聰明的微電腦」這類文案也應運而生。

「聰明」是英語 intelligent 的譯詞，指的是具有智慧的電腦。其實學界與業界曾有一段時間，熱中於開發「智慧電腦」，大致上就是人工智慧（ＡＩ）的進階版，所以也沒什麼好大驚小怪的。雖然冠有「聰明」一詞，但其實沒那麼聰明，只能算是非常粗糙的人工智慧，因為電腦與人腦的「智慧」有著明顯的不同。

電腦與人類的差異非常多，拿電腦與人類比較，實在太不公平。

不過，有個問題非常值得重視，該如何解決這個問題也是當今的電腦科技或人工智慧的課題。一如後續所述，我推廣的「編輯工學」就是以解決這個課題為最初的目標。

在思考「何為編輯」這個問題之際，讓我們先看看電腦與人類的決定性差異。

人類做得到，但電腦做不到的第一件事，就是人類可活用過去的各種經驗處理與編輯資訊，再靈活地以適當的方式呈現，但電腦不具備這種能力。

理由之一在於人類的理性判斷必定夾雜著「情緒與行為」，所以我們的理性判斷總是迅速圓滑。這是因為，情緒與行為會讓下達判斷的領域於體內、體外擴張，一如小孩子在讀書的時候，會用手指跟著文字閱讀，單一的知性行為不會止於單一的知性行為，而是會與各種動作或情緒一併發動，但電腦無法理解這種「意義的擴張」。

這也意味著，傳統的電腦不具備人類理智判斷的能力，無法靈活地「扮演不同的角色」或是「變更角色」，這也是電腦不具備的第二種能力。

比方說，在吃蘋果、抽菸、讀書、聽搖滾樂的時候，我們能夠快速地選擇不同的角色，我們早就擁有各種吃蘋果的感覺，抽菸的姿勢、專心讀書的模樣以及隨著搖滾樂搖擺的律動感，說得再簡單一點，我們可以在抽菸的時候化身為高倉健，在遞出ＮＩＣＯＳ信用卡的時候模仿田村正和。換句話說，我們可隨著資訊扮演不同的角色，而這可解釋為「正在編輯角色」的過程。

這當然沒有任何誇飾之處，但在進行類似的選擇之後，我們的理性判斷遠比想像來得「膨脹」。這就是「在電腦之中的我」所做不到的事，最多就是「像機器人的我」可以順利地吃蘋果或是抽菸，但是「機器人的我」無法如此靈活地扮演不同的角色。

讓我再以更簡單易懂的例子說明。

我去別人的家或是辦公室拜訪的時候，對方通常會說「請坐」，請我坐在沙發上，這時候我們都有哪些反應呢？我們會在往下坐的同時，判斷沙發的柔軟度，再以適當地力道緩緩坐下去。

換言之，我們在坐進沙發之前，就已經先想像身體的一部分是沙發。這就是所謂的環境賦使（affordance），也是每個人與生俱來的本能。在撿掉到床底下的東西時，我們會讓身體變得適合鑽進「床底下」對吧？我們在做這些動作的時候，都會「編輯自我的資訊」，但電腦很難做到這點。

第三種電腦不具備的能力就是我們能夠「一邊更換部分或全部，一邊進行判斷」，但電腦不太擅長這件事。

比方說，當我們看著街角的某台自行車，我們會先瞬間觀察整台自行車，接著再將視線移到手把的彎曲處，或是輪輻的發光處，然後告訴自己「這應該是台公路車吧」，而當我們移動視線時，大腦正在快速地動員所有的知識。

其中最重要的部分就是「巧妙地置換部分與全部」，再仔細思考曖昧、多餘、不對勁的部分，然後做出應有的判斷，而且就算沒找出答案也無所謂。這時我們會先保留得到的資訊，等到遇見類似的自行車，再冷靜地取出保留的資訊，有時還會追加新的判斷，比方說，「很適合男生騎的自行車」或是「設計風格很復古的自行車」，我將這種能力稱為「預留」，但電腦不具備這種能力。

因此，第四種電腦不具備的能力就是人類會不斷地根據當下的狀況尋找解決問題的方法，電腦很常在這個部分受挫。

這種能力稱為啟發法（heuristics），這項能力曾在人工智慧的領域掀起話題，但遺憾的是，很難讓電腦擁有這項能力，這或許是因為電腦（或是技術人員）的宿命就是害怕嘗試與失敗。大部分的電腦程式都是不讓Bug（缺陷或矛盾）產生的程式，也就是已除錯完畢的程式。

其他察覺到的部分則整理為第五點。

一直以來，電腦都無法了解自然語言，只能了解機械語言，所以處理非語言資訊的能力明顯不足，也無法自行變更規則（或是無法自行建立規則），更無法從答案的假說回推至問題（缺乏尋找表〔Lookup table〕的能力），辨識相似之物的範圍過於狹窄，也缺乏統整象徵的能力，更遑論處理來自感官的資訊。

這類電腦的缺陷其實不勝枚舉，但我列出這些缺點，並不是要指責電腦有多麼糟糕，而是覺得不對「聰明」或是「智能」過度期待，才有利於電腦科技今後的發展，說得更正確一點，若只想著消除人類與電腦在能力方面的落差，豈不是無法想到更有趣的發展嗎？

那麼到底該怎麼做才對？讓我們稍微換個角度想一下。

我建議的是重新思考人類的潛力，而不是一味讓電腦趕上人類的能力。若問我為什麼會如此建議，是因為ＩＴ（資訊技術）、電腦技術、認知科學預設的人類能力，尤其是理性判斷能力的特徵列表之中，有太多看起來很可疑的內容。

若從結論說起，我認為「人類的潛力」就是「編輯能力」或是「自我編輯力」。至於這到底是什麼能力，本書會一一說明，現在先訂出目標就好，反過來說，如果在這個時候誤解「人類的潛力」，就會讓難得的研究或開發朝向錯誤的方向發展。在此也為大家舉例說明。

請大家先看看以下的例子。

類神經電腦計畫是消除人類與電腦在能力上有所落差的計畫，也曾一舉擄獲世人的青睞。這項非常有魅力的計畫也的確造成深遠的影響，我也曾經一頭栽進這項計畫，大量接觸類神經計算的理論。首先讓我們先了解這項理論的概要，了解箇中的思維。

類神經電腦的理論認為，人類具備兩種能力，一種是透過語言進行邏輯推理的能力，而這種能力又稱為「逐次序列型資訊處理能力」，是一種利用語言或圖案這類符號逐次處理這些符號的組合的能力，這也是傳統電腦已具備的能力。

另一種能力就是將各種資訊放在大腦的各個角落，再於毫無根據的情況下融合這些資訊的能力，這種能力又稱為「直覺平行式資訊處理能力」。類神經電腦計畫就是希望讓電腦擁有這項新能力。

據說人類的大腦有超過一千億個神經元（neural），而這些神經元之間，不斷進行著非常複雜的交互作用，只要某個神經元活躍，其他神經元就會被影響，接著便如波紋般，產生一波又一波的交互作用，而這種現象又稱為神經動力（Neural Dynamics）。在類神經電腦理論之中，這種動力是平行的，人類也才因此擁有直覺與融合資訊的能力。

早期的電腦程式都是利用逐步執行每個迴圈的演算法，進行某種邏輯運算，藉此模擬進階的資訊處理，但我們的大腦不會如此運作。大腦不會透過邏輯回推神經元的興奮模式，而是讓神經元彼此影響，也是朝著讓神經元更容易互相影響的方向進化，最終才演化為現在這種架構（architecture），所以我們該做的不是邏輯回推的部分，而是讓電腦擁有模仿神經元互相激發的架構。

這些就是類神經電腦的起點。剛剛提到了「模仿神經元互相激發的架構」，而注意到這點的，不只是類神經電腦的開發人員，認知科學家也同樣注意到這件事，也與類神經電腦的開發人員一同分析上述的架構。在認知科學的世界裡，這個架構稱為聯結主義（connectionism）。將焦點放在系統的部分與部分交互影響這點，可說是非常前衛的發想。

在類神經電腦的世界之中，也關心所謂的「學習」，因為人類的理性判斷夾雜各種學習成果。關於這點，美國心理學家大衛．魯梅爾哈特（David E. Rumelhart）於一九八五年發表反向傳播（back-propagating）這個劃時代的學習理論。魯梅爾哈特是開發了ＰＤＰ平行分布式處理系統，因而造成話題的史丹佛大學人工智慧研究學者。若問「反向傳播」是何種學習理論，就是在輸入某個訊號之後，只要輸出的訊號未滿足特定條件，就從輸出端反過來向輸入端傳播（propagating）「喂，錯了啦」的訊息，直到順利輸出符合特定條件的訊息，不斷重複這個步驟的學習法。說得專業一點，就是不斷減少某個函數的值，藉此進行學習，直到降至極小值而停止學習的梯度力學理論。

再說得極端一點，反向傳播理論採用了大腦有矯正錯誤的訓練資料（teaching singal、training data）這個概念，只要訓練資料能正常發揮作用，神經元與神經元的連結方式就會改變。

目前無法得知大腦是否會如此運作，也沒有證據證實大腦的某處正在進行反向傳播，但就算不知道這些事情也無妨，因為虛構的理論反而有助於電腦運算，可惜的是，只憑反向傳播學習法，無法讓類神經計算有長足的進展。

總而言之，現在還沒有類神經電腦，只有類神經網路模型。這應該是某個地方出了問題，或許是因為我們對「人類的潛力」有所誤解。

「大腦具有序列式的邏輯計算以及平行式的直觀思考」這個最初的論點哪裡有問題呢？

首先，這兩種思考方式並非分別運作，如果真的是這樣，而且有很多種思考方式混在一起，就不該硬將其中兩種思考方式歸類為序列式或平行式（也就是在一九六〇年代羅森布拉特提出感知器（Perceptron）這套系統之後，就建立了錯誤的神經網路模型）。話說回來，序列式或平行式的分類實在太過單純，一點都不像是大腦的思考方式。由於這種分類方式是將大腦接收到的外部刺激當成電子訊號，所以才會分類成序列式與平行式，但是在進行突觸傳導之際，這種電子訊號會立刻轉換成神經傳遞物質這種化學訊號。

此外，人類的學習能力似乎有些被小瞧。我們的學習能力其實屬於對話型，而且具有遊戲性質。

所謂的對話型就是與別人對話，也包含寫筆記、讀書、走馬看花，是一種與各種媒介對話的定義。容我重申一次，所謂的學習不只是透過「模仿」進行，也不像反向傳播理論所說的那樣，透過修正錯誤進行，因為這些都只是一小部分的強化學習而已。

所謂的學習應該是為了滿足學習欲望而「設定舞台」，以及透過這個舞台所發動的行為。所謂的舞台是指為了記憶或是學習的環境，例如庭院或是桌子就是其中一種。若問這個舞台會發生什麼事，那就是快速找出學習對象，以及與這位對象進行對話。所謂的對象不一定是實際存在的人物，有可能是筆記本之中的自己，也有可能是身邊的龍貓，任何事物都有可能成為學習對象。

若問這些有何意義可言，那就是當我們在學習的時候，會建立「另一個自己」，一個能成為學習對象的自己。對嬰兒來說，這個另一個自己就是母親，對學生來說，有可能是老師，也有可能是青出於藍勝於藍的那個未來的自己。即使是學習下樓梯這麼單純的動作，也會建立「另一個自己」，也就是「順利下樓梯的自己」，而這個模型也會順利運作。

想像一下學習打棒球與滑雪的過程，大概就能明白「另一個自己」這個概念，當然也能以學習英語為例。如果我們是以反向傳播的方式，不斷地訂正自己的錯誤，絕對學不好滑雪或是英語。

對我來說，「人類的潛力」並非類神經電腦所說的那樣，唯獨大腦具有人類潛能這件事，我沒有任何異議。

與其說是沒有任何異議，我更認為人類的大腦藏著「編輯機器」這種裝置，應該也有所謂的「編輯子」。

第二章

大腦這種編輯裝置

1 何謂想法

我們每天醒著的時間大概是十四、十五小時，而現在要請大家回想一下，昨天一整天，做了哪些事。比方說，「起床後，洗臉，邊看報紙，邊吃吐司，跟家人閒聊一下，去上學或上班」這些事。

要如此回想昨天一整天，不需要像昨天一樣，耗費十四、十五個小時，如果需要一整天的時間才能回想一整天發生的事，那就太辛苦了，有可能會像美籍猶太人小說家保羅・奧斯特筆下的人物一樣，隨時活在回憶之中，所以沒有人會這麼做，一定會更快速地回想所有的事情。其實，大部分的人也沒辦法花一個小時回想，最多只能花五分鐘或是六分鐘回想。

這代表我們的大腦能替一整天的事情製作摘要，也就是將十四、十五個小時的資訊濃縮成五至六分鐘的長度。

這種現象稱為「資訊壓縮」。其實這種現象非常不可思議，也是藏在大腦的編輯力之中的祕訣之一，這代表我們的大腦是以五分鐘比九百分鐘，說得更數學一點，就是以一比一百八十的比率壓縮資訊。也就是大部分的資訊都是以壓縮的方式存在大腦之中。在這裡要問的是，為什麼會發生這種現象？

桌子上有個杯子。

我們盯著這個杯子看，意味著我們將注意力投射在這個杯子上。這裡所說的「投射注意力」是著手編輯的第一要件，只要還沒在任何事物投射注意力，就不會開始任何編輯。

簡單來說 投射注意力就像是在目標物插入影像端子，如果目標物是杯子，就讓自己將注意力投射在杯子這個單一物體上，當然也可以從杯子挪開注意力。如果桌子上的杯子旁邊有一台電話，就能立刻將注意力轉移到電話。此時會留下只注意了杯子與電話的紀錄，而其他事物，例如空氣、桌子、桌子上的其他東西、灰塵、顏色都會消失在背景之中。

所謂的資訊是由資訊的地（ground）與資訊的圖（figure）組成。「地」是資訊的背景，「圖」是壓在背景上面的圖案。就日常生活而言，我們只需要注意資訊的「圖」即可。由於背景實在太過連續，所以我們才會不知不覺地省略它，這也是為什麼當我們回想昨天一整天的事情時，會從總計九百分鐘的資訊的「地」取出被壓縮為五分鐘的資訊的「圖」。

我有段時間與聲名遠播的精神科醫師共事，也在那時候發現一個非常有趣的現象，現在回想起來，那真是非常珍貴的經驗。

醫師請某位患者說出「桌上有哪些東西」，而這位患者完全無法直接回答杯子、電話這類資訊的「圖」，只能說出「呃，桌子的邊緣有個黑黑大大的東西，然後形狀有些弧度，還有個寫了一些文字，扁扁的像紙的東西，然後這個東西的旁邊，有個白白圓圓亮亮的東西靜止不動」這類資訊的「地」與「圖」模糊對應的形容。

其實我們也會出現「地」與「圖」混淆的情況。

如果只是說明桌上的杯子或是電話，或許還沒問題，但如果要說明的是更複雜的現象，就不一定能立刻區分「地」與「圖」。比方說，被問到「最近的日本經濟趨勢」這種問題時，通常只能回答出「呃，大企業的成長停滯不前，政府也沒有像樣的經濟政策，再加上美國不斷施加壓力，亞洲，或是中國也無法繼續維持成長的速度」這種不得要領的答案。這是因為在面對不熟悉的領域時，大腦就很難發動「資訊壓縮」這項能力。

就算只是一株花草擺在眼前，也會發生相同的現象。如果被要求「請仔細觀察眼前這棵植物」，不一定能明確區分何為資訊的「地」，何為資訊的「圖」，除了知道眼前的植物有莖，有葉，有花，就無法進一步觀察細節，但這不會影響我們的日常生活。就算在生日的時候收到一大把花，也不一定非得知道每一朵花的名字，只要知道「哇，好漂亮的紅花啊！」即可。

如果進一步觀察這種「注意方式的強度」，就會遇到很多有趣的問題。

比方說，杯子這個東西不一定非得稱為「杯子」，也可以稱為「玻璃製品」、「日用品」、「玻璃杯」，如果是裝了水的杯子，還可以說成「閃閃發亮的東西」，但我們通常只以「杯子」指稱杯子。也就是儘管我們知道「杯子」是許多詞彙（影像）的集合體，卻透過「杯子」這個單一的知識標籤認知這個集合體。

話說回來，杯子、玻璃杯、日用品、玻璃製品、閃亮亮的東西也都是知識標籤，大家不妨將這些知識標籤想像成是一張網子，密密麻麻地分布於「杯子」這個字眼的周圍。

我們的大腦將這些知識標籤貼在不同的地方，而這些知識標籤又與藏在深處的多個知識標籤串聯，分不出哪個是父標籤，哪個是子標籤，哪個又是孫標籤，說得更精準一點，這些標籤之間沒有所謂的主從關係。

若想找到證據，不妨自己試著玩聯想遊戲。就算能從「杯子」聯想到「日用品」或「玻璃製品」，從「日用品」聯想到的也不一定會是「杯子」，有可能是「牙刷」、「棕刷」或是「拖把」，從「玻璃製品」聯想到的有可能會是「尿壺」，此外，有可能從「拖把」聯想到「打掃」，從「尿壺」有可能聯想到「醫院」。

也就是說，大腦裡的知識標籤可說是盤根錯節，就算點擊某個角落的知識標籤，也不一定會知道出現什麼，而這個現象在編輯工學稱為「超連結狀態」。

不過，只要開始聯想，這些知識標籤就會立刻透過資訊的連接線（連結）串聯。明明是貼在其他位置的標籤，卻像是早就透過無數條連接線與其他標籤連接。

簡單來說，我們投以注意力的目標物會成為「臨時的父標籤」，再陸續拉出位於下層的子標籤，接著再從這個子標籤拉出孫標籤，而「臨時的父標籤」，也就是我們投以注意力的目標物則會在這個過程一步步成為資訊的「圖」。

大腦就是這樣的結構。

大腦儲存的知識與影像，就像是無數張「圖」，而且是以超連結的方式分布。我將這種分布方式稱為「意義單位的網路」。杯子是一個意義單位，玻璃製品又是另一個意義單位，而這些意義單位彼此串聯之後，就形成「意義單位的網路」。要注意的是，這裡所說的「網路」不是單層的，而是多層的（multi layer），立體的，所以知名的哲學家才會常常把「語言是多義」的這句話掛在嘴邊。

在這種「意義單位的網路」之間遊走的過程通常稱為「思考」。所謂的「思考」就是先試著抵達網路之中的某張「圖」的連結。不過，此時會遇到一個重大問題，那就是在這張網路遊走之際，到底該往哪條路走，換言之，就是該於何處轉向，「想法」也會因此產生千折百轉的變化，因此，如果當我們往某條路走卻發現「啊，此路不通」，就會回到上一個分歧點，有時候甚至會沿著原路走回更前面的分歧點。

這種崎嶇前行的過程正是所謂的「思考」，也是「超連結狀態」。說到底，思想不過是這種崎嶇前行的軌跡。

在電腦的世界裡，負責「思考」的是程式。所謂的程式就是預先制定的網路分歧行進表，主要是利用程式語言這種機械語言撰寫，電腦也只看得懂機械語言。不過，雖然稱為機械語言，但利用機械語言撰寫的內容說到底不過就是一堆簡單的命令而已。

讓我們稍微再多提一點這部分的內容。我們很難想像大腦發生了哪些事，但只要稍微觀察一下程式，哪怕這個程式不是大腦的行進表，也能稍微了解大腦發生了哪些事。

假設我們寫了一個讓小孩執行一些單純行為的程式。耶魯大學的認知心理學家羅傑・尚克曾提出說明知識獲得過程的「腳本理論」。這個理論雖然還沒完全成熟，但在當時已是劃時代的理論，也掀起了話題。腳本的英文為 script，而這個理論的背景源自《認知計算》（*The Cognitive Computer*）這本書的內容。其中說明了下列這種程式的架構。

假設眼前有一台能力與不大會說話的二歲小孩相當的電腦，由於只有二歲小孩的能力，所以只能做出單一動作（MOVE），而且沒有什麼程式語言可以使用，除了 MOVE 之外，就只有

START、STOP、GRASP、OPEN、REPEAT這幾個命令。假設對這台兩歲小孩電腦下達吃東西（EAT）這種動作相對複雜的命令，會得到什麼結果？比方說，將程式寫成下列的內容。

START（MOVE〔手、食物一、緩慢〕）
STOP（MOVE〔手碰到食物的時候〕）
GRASP（食物）
START（MOVE〔手、嘴巴、緩慢〕）

STOP（MOVE〔手碰到嘴巴的時候〕）
OPEN（嘴巴）
START（MOVE〔手、嘴巴裡面、極緩慢〕）
STOP（食物進入口中的時候）
OPEN（手）
START（MOVE〔手、食物二、緩慢〕）
REPEAT（MOVE〔牙齒、食物、緩慢〕〔咀嚼〕）
REPEAT（〔喉嚨、食物、緩慢〕〔嘴巴裡面、食物、消失〕）

雖然只是「吃」或「請吃」這種單純的程式，整張行進表卻顯得很複雜。不過，這種程度的程式在我們的日常生活隨處可見，其中最簡單易懂的，莫過於食譜。

一如前一章所述，料理的步驟非常複雜，但如果從料理節目的觀眾角度來看，就會知道程式的步驟就是所謂的行進表。程式就是像這樣讓接收端知道腳本，只不過這裡的接收端不是觀眾，而是電腦的邏輯電路。

或許有很多人會覺得，剛剛介紹的程式未免太假了吧，但我在接受某次手術之後，的確體驗了與上述的程式非常類似的過程，我曾為了執行「翻身」、「下樓梯」這種行進表而吃盡苦頭。

我曾為了摘除膽囊住院，也接受了開腹手術。當時肚子被劃了一道接近二十公分的傷口，所以我痛得完全動彈不得，如果是現在，傷口應該不會這麼大才對。當我躺在病床上兩、三天之後，整個背像是燒燙傷一般的疼痛，逼得我無論如何都想翻身。

可是，我就是沒辦法翻身。總之腹部與背部都沒辦法移動，而且就算我試著動肩膀，也沒辦法翻身。於是我試著讓一隻腳往身體的另一邊移動，但還是未能如願。就在我一試再試、一想再想之後，總算想到以腳踵為支點，讓雙膝往同一個方向偏，然後再讓雙肩從右移動至左，一邊移動支點，一邊藉著產生的動能讓腰部往左方慢慢扭轉。整個流程（程式）就是如此。

當我熟悉這個程式之後，我只需要依序執行步驟，就能成功翻身。下樓梯的時候也一樣需要寫好程式，比方說，一邊抓著扶手，一邊踏出右腳，再讓重心移動到右腳，再放棄左腳的重心。

另一個更戲劇化的體驗，發生在我有位朋友在年僅二十歲之際，因為某次意外而成為植物人的時候。她是一位外貌出眾的女性，所以那副宛如奧菲莉亞（莎士比亞戲劇《哈姆雷特》的角色）的模樣，有如悲劇的象徵。可惜的是，不管試過多少種治療方式也未能奏效，而她也就這樣沉睡了一年多。沒想到，在她母親鍥而不捨努力之下，她總算清醒過來，尤其是醫生早就已經放棄了。

不過，當她醒過來之後，卻失去了所有的記憶，而且沒辦法動眼睛，也沒辦法彎手指，這等於另一齣更痛苦的悲劇降臨在她身上，身邊的人也竊竊私語地說：「像原本那樣沉睡，或許更加幸福」。不過，她的母親再次發揮難以想像的毅力，從頭教導她的女兒所有該知道的事情，例如該怎麼動手指，該怎麼說話，以及教她認得每個人，以及這些人與她的關係，我也參與了這個程式設計的過程。

可喜的是，我們的大腦擁有驚人的恢復力，只要明白了什麼，記憶就會像是環環相扣一般，循著一條條發亮的軌跡恢復。比方說，告訴她小學的事情，讓她回想老師，接著回想第一天去小學的情景，然後再以小學的記憶為主軸，撿回周邊的記憶。可惜的是，這部分的記憶已蕩然無存，因此又試著修復這部分的記憶。當部分的記憶修復之後，這些記憶居然沿著其他路徑彼此串聯。

雖然有些偏離主題，但這個經歷對我來說意義重大，說是我奉獻生涯，致力研究「編輯」的第一個動機也不為過。

要像這樣遊歷於大腦之中的「網路分歧點」，絕非不可能的事情。只不過，這個過程太過複雜，而且通常不會被當成問題看待。

但是就像我們能夠追跡「吃東西」或「翻身」這種簡單的動作，我們每個人都可以隨時觀察「思考」這張行進表。

不過，若只是毫無章法地窺視大腦內部，就無法仔細觀察「思考」，也只會陷入混亂，因此建議大家準備筆記本與鉛筆，再依序寫下自己正在思考的事情。這樣就夠了，寫在筆記本的軌跡充其量是大腦之中的腳本。小學生的繪圖日記就是這樣產生的，永井荷風的《斷腸亭日乘》也是這樣問世的。

對熟悉電腦的人來說，這件事應該能夠輕易達成，只需要使用高階的大綱標記處理器（outliner）或是 Hypercard 即可，因為這些是將我前面說明的內容轉換成軟體的「編輯工具」。

要注意的是，不管工具是筆記本還是大綱標記處理器，都需要經過訓練才有辦法使用，必須維持「意義單位的網路」的分層結構，再試著依照腳本使用。就算是整理昨天一整天的事情，「早上醒來，起床，覺得很冷，所謂很冷是指溫度的事情，雖然我房間沒有溫度計，而且不只沒有溫度計，也沒有電視，而這就是我的信念」，如果像這樣隨意地在各層之間遊走，就會變得混亂。荷風的日記之所以令人欣賞，在於記錄層之間的界線分明。

當然，在各層之間遊走也有趣味可言。這是以一九二〇年代，由安德烈・布勒東提出的習慣成自然（automatisme）的記錄方式，也是超現實主義者偏好的手法。我在念大學的時候，也曾利用這種「習慣成自然」的方式寫了一年多的筆記本，但是在寫了一年多之後，便知道這種「毫無章法」的寫法很無聊，所以就放棄了。

行為與思考是我們於「意義單位的網路」前進的模樣，大致上，這樣定義就沒問題，而當我們準備回顧這些行為或思考時，「資訊壓縮」這項能力就會自動觸發。

所謂「回想昨天一整天」就是這麼回事，而當我們以更複雜的形式組成上述的網路分歧與進行資訊壓縮，編輯這項機制也將慢慢成形。

2 分節的資訊

大家是否聽過「感受性」這個詞彙？有時候我們會說「那傢伙的感受性不錯」，也很常聽到「存在感」這個字眼，比方說，我們會以「很有存在感」形容很有潛力、但前途還不明朗的演員。

利用感受性或是存在感這類詞彙說明印象時，其實什麼也沒說明，沒有半點的說明效果，但我們有時會故意模糊某些印象，比方說，女性常掛在嘴邊的「好可愛！」就是其中之一。

「編輯」這個行為對於這類印象的描述做了些許的反抗，因為編輯就是在「猶如大海的資訊」植入句號或逗號的行為。

編輯是先區分「昨天一整天發生的事」或「桌上的東西」這類資訊之海，再讓這些資訊之海彼此連動的行為，因此，會一直注意何者相同、何者不同這件事。

不過，這裡會遇到一個問題，那就是在「資訊之海」，何者相同，何者不同，每個人都有不同的定義。我想，每個人應該都有過去朋友的家，結果發現整個房子髒亂不堪的經驗，所有東西都放得亂七八糟，可是住在裡面的朋友卻一點也不覺得混亂。明明在他人眼中，整間房子已經亂成一團。可見，每個人對於秩序的定義不一樣。

所謂秩序就是順序（order）。以房間的狀況為例，能以何種順序取得房間之中的東西，該順序就是房間的秩序。

不過，就像前面提到的，每個人對於秩序的定義不同。以我為例，我的書櫃是以非常嚴謹的順序整理，但是衣櫃卻不是這麼回事，所以遇到明天要出差的時候，我通常沒辦法立刻準備好明天要穿的服裝，比方說，我會不知道該穿什麼出差，也不知道該帶兩本書還是三本書去。如果覺得麻煩而隨便整理，隔天早上一定手忙腳亂，也因此多次錯過新幹線。反之，如果是為了旅行而準備，反而懂得該以什麼樣的順序準備才順利，別人也常覺得這點很不可思議。

不管是上述的哪個例子，真正的問題都在於如何設定「相關資訊的順序」。

資訊科學的世界將資訊的定義制定為「熵的倒數」。

所謂的熵是「隨意增減」、「無序」的尺度，是一種描述混亂程度的概念。假設這個熵值較高，代表非常混亂，換句話說，房間更加亂七八糟。

不過，無秩序的程度是由觀察者定義的，當事人往往一無所悉。換言之，資訊系統就是觀察者眼中的熵系統。

被譽為美國現代文學神祕領航者的托馬斯．品欽所發表的短篇小說《熵》，描述了主角肉球梅利崗（暫譯）這位名字很奇怪的青年，總是在公寓的一樓大鬧一通，而公寓的二樓則有一隻小鳥快要死掉的情景。梅利崗與朋友在一樓喝了好幾加侖的酒，發了一頓酒瘋之後，一上到二樓，又緊緊抱著快死掉的小鳥，希望小鳥能夠繼續活下去。

這是公寓的一樓與二樓，各有一個熵正在進行的比喻。大鬧一通的情景明顯是在比喻熵正在增加，換言之，一樓陷入混亂，無法從一樓得到任何更細部的資訊，是完全喧鬧吵嚷的狀況。另一方面，二樓的小鳥的生命就像是在抵抗不斷增大的熵一般，不斷地顫抖。托馬斯品欽企圖透過一、二樓的光景暗示著現代資訊社會的本質，烏克蘭裔俄羅斯作家尼古拉．果戈里所著的《外套》或是法國作家費迪南．塞利納所著的《茫茫黑夜漫遊》，也都做過類似的嘗試。

不管結論如何，不同的觀察者都有不同的經驗與視角，所以觀察「資訊之海」的角度也都不一樣，如同一篇文章，每個人的解釋也不盡相同。

比方說，大家會如何解讀「不要停」這句話呢？如果讀成「不要，停」，代表對方覺得不舒服，但真的只有這個意思嗎？只要拿掉逗號，就可以讀成「不要停」，也就是可以繼續的意思（但還是無從得知說這句話的人到底怎麼想）。

由此可知，一個句號或逗號就能改變文章的意思，所以每個人都能自行解釋長篇文章或是一整本書，也就是能以自己的角度詮釋「資訊之海」，而這時候，「編輯」就會出手相助。

話說回來，資訊就是一種區別力，也是一種差異。

我們很難從ＡＡＡＡＡ這種一堆Ａ排在一起的資訊叢集取得資訊，但如果是ＡＡＢＡＡ或是ＡＡＢＢＡ，就能得到不少資訊，線索也多出不少。一如第二次世界大戰被譽為「密碼戰爭」一樣，這類加密情報可說是在東西雙方如子彈一般亂飛。話說回來，「情報」這個字眼也是因為這場密碼大戰才普及，情報員或是情報戰爭也有類似的語境。戰前的日本曾一度使用諜報員這個詞彙。最初的情報理論也是在戰爭最為炙熱之際，從美國數學家克勞德夏農的通訊理論或是美國應用數學家的模控學發展而來。

如果要讓資訊的定義更一般化，可定義為「資訊就是從後續的不確定性之物自行挑選的結果」。要自行挑選，資訊就必須有所區隔，而在資訊科學的世界裡，這種區隔的單位稱為「位元」（bit）。

假設眼前有「東西南北」與「春夏秋冬」這兩個由四個文字組成的資訊。如果將它們拆解到無法繼續拆解的程度，這類資訊就具有位元這種拆解次數的單位。

以「東西南北」為例，只要先拆解成「東」，剩餘的部分就會迎刃而解，不需要另行拆解。由於只需要拆解一次，所以是一位元，至於「春夏秋冬」則可先拆解成「春夏」與「秋冬」，接著「春夏」還能繼續拆解，所以是二位元。簡單來說，位元就是「能拆解成幾個」的意思。利用這種位元拆解資訊的裝置，就是擅長計算的電腦。

電腦是以十九世紀中葉的天才喬治．布林提出的「邏輯代數」為基礎原理，而邏輯代數又稱為布林代數。《愛麗絲夢遊仙境》的作者路易斯．卡羅，也就是英國數學家查爾斯．道奇森就是布林代數的熱愛者。愛麗絲就是在奇幻的布林代數漫遊的少女。

所謂的布林代數就是以 1 與 0 分別代表「真」與「偽」的代數，是一種不管處理的是何種資訊，都會不斷地將資訊切割成兩半的原理，利用這種布林代數進行的計算稱為邏輯計算。

利用布林代數進行邏輯計算時，必須先將資訊還原為同質的單位，也就是所謂的「資料」，也就是轉換成與資訊的意義無關的數據。今時今日，將所有的語言資訊轉換成資料的過程稱為編碼，全世界也遵循所謂的 ASCII 編碼。

這種為了電腦設計的邏輯計算應用了「如果……則」、「以及」、「或」，這幾個邏輯切割資訊的方法（產生式規則），而這又稱為「if～then 構造」或是「and～or 構造」，是只以 if、then、and、or 組成的文章。

一旦應用這種方法，「很有存在感」這種訊息會立刻被排除，因為完全不具備二元性質。因此，曾盛極一時的模糊電腦理論(fuzzy computer)則以克萊尼代數(Kleene)與歸屬函數(membership function）代替布林代數，處理「喜歡是喜歡，但是……」這種模糊的命題。可惜並不順利。

像這樣在複雜的「資訊之海」植入標點符號，就能踏出「編輯工學」的第一步。

之前為了方便而說成標點符號，但其實要說得更簡單易懂一些的話，所謂的標點符號就是「間隔」，說得更正確一點就是分節（articulation）。

大部分的人應該對分節這個字眼不大熟悉才對。在上英文課的時候，通常會將長篇文章分割成適當的長度再閱讀，而這個過程就稱為「分節」，但如果問我到底能分節分到何種程度，答案是可以分到無法再拆解的單字或是文字。在編輯工學的世界裡，是將「意義單位的網路」之中的分歧點到下一個分歧點的部分稱為「資訊分節」。

分節是重要的編輯的第一步。

我們人類的起源也是從分節開始。

最初，我們住在樹上，好不容易才來到草原，改成以雙腳走路，而這時候發生了第一次的分節。比方說，彎曲手指，讓拇指與其他四根手指相對。若問這有什麼意義，答案就是方便抓住東西。如果讓猴子拿鉛筆，牠只會以五根手指朝向同一個方向的方式握住鉛筆，但這種握法沒辦法使用鉛筆，也很難握住鐵桿，所以要讓拇指朝向另一個方向，讓拇指與其他四根手指相對。

如此一來，除了方便握住東西之外，拇指還能分別與其他四支手指對應，也就可以用手指數數。換言之，以拇指為軸心，再讓食指、中指、無名指分別指向拇指，就能數算數量。這就是分節的威力。這是德國格式塔心理學家馬科斯韋特墨在二十世紀初期「發現」的事情。順帶一提，這種屈指計算稱為 digit，也是 digital 這個單字的語源。

另外補充一點，韋特墨認為，這種手指的分節現象是語言誕生的原因。小寶寶常常會讓手掌握緊或攤開，而這其實是讓手指彼此對應的練習。小寶寶也很常盯著握住的東西不放，也很常發出「嘛嘛、嘛嘛」的聲音。這些動作都是環環相扣的。如果用力壓小寶寶的掌心，小寶寶就會張開嘴巴。由此可知，手指的分節現象與語言的誕生有關。一般認為，讓寶寶的手指從嬰幼兒時期像是彈鋼琴般地活動，有助於大腦的發展，這種說法也非泛泛之論。

語言的誕生與喉嚨（聲帶）的肌肉分節有著密切關係。

當喉嚨的肌肉產生分節現象，喉嚨便擁有更多元的變化，也能發出更複雜的聲音（能夠控制經過聲帶的空氣），如此一來，原本只會發母音的人猿便擁有發出子音的能力。懂得組合母音與子音可說是劃時代的能力，因為人猿便可創造出多不勝數的聲音變化，人猿也自此演化為人類。早期的母音差不多就是在這個時候增加至五個或是七個（一般認為，古代的母音非常多，但愈接近現代，數量就愈少）。

如果上述的說法屬實，不知實體為何的語言就是源自「喉嚨的分節現象」。一九六七年，埃里克・勒納伯格這位哈佛大學語言生物學家發表了《語言的生物學基礎》（*The Biological Foundations of Language*）這本鉅著。這本書將焦點放在喉嚨發出聲音之際的狀態，藉此確認發聲與喉嚨的分節有什麼關係。從發聲探討語言的勒納伯格可說是一位高處不勝寒的語言學者。

分節在資訊編輯的過程之中，是最為基本的步驟，說是「沒有不經分節的編輯」也不為過。我在前面的篇幅是以手指或喉嚨說明分節，但其實分節在更多、更廣泛的領域發揮不同的威力。人體的「關節」也是一種分節構造。語言也是由名詞、動詞、助詞這類分節組成，文章當然也有分節構造，政府、企業與類似的組織也都有所謂的分節，沒有分節的組織就是日本妖怪「野篦坊」（無臉怪），大部分的機械也都是分節構造，連建築物也不例外。簡單來說，大部分的系統都是以分節為基本單位與架構。

一如先前的手指分節例子，這裡的重點在於「分節能與其他的分節對應」這點，換言之，分節是一種順序，而這個順序會成為一種度量衡，讓經過分節的資訊可互相測量彼此。關鍵在於分節與哪個分節對應這點。

就另一層意義而言，文法也因此誕生。當分節能夠互相測量之際，文法便應運而生。只要具備分節的能力，就能從中了解文法。這裡說的文法是能於各種領域應用的「資訊文法」。

小時候，我第一次看到西部電影這種懸疑電影的時候，深深地感到震撼，片中一直有人死掉，但多看幾次之後，就覺得司空見慣。了解西部電影或是懸疑電影的分節節奏之後，下次再看到類似的電影，前述的「互相測量」的能力就會發動，有時這種分節方式會被稱為「電影的文法」。是先有分節，才有文法。具有分節的能力，才能了解文法。我提出的編輯工學非常重視這個部分（這也是我與杭士基的生成文法分道揚鑣的原因）。

讓我們更正確地觀察分節現象。容我再次以電影為例。

在看電影的時候，我們一開始會非常專注，想要記住每個人物的特徵，或是記住作為背景的房間放了哪些東西，也很在意登場人物的一舉一動，有時會因為抓不住要領而感到疲勞。不過，過了五分鐘或十分鐘之後，我們理解的範圍會瞬間縮小，進而沉浸在電影的世界之中。進入這個狀態之後，剩下的就是專心看電影。

之所以會有上述的變化，全是電影的製作團隊計算了觀眾的分節能力。若以黑澤明的話來說，這就是所謂的「編輯」。反過來說，我們在最初的五分鐘或十分鐘，以非常躁動的頻率調整分節，被迫進行畫面資訊的相互測量，也是在這時候，對「電影的文法」有所領會。

簡單來說，分節先於文法，一如手指先於數數。

以我為例，我向來是先徹底替已知的資訊分節，藉此挑戰未知的領域，也通常能立即奏效。我也都是利用這種方法在新的領域遨遊。

話說回來，在如此複雜的「資訊之海」悠遊的，可不只是鑽營社會生活的人類。難以計數的生物也同樣於這片「資訊之海」棲息。

雖然我剛剛才說分節是能於各種領域應用的編輯方法的基礎，但其實是在闡述「資訊源自分節」這個原理。話說回來，擁有這種特性或本質的「資訊」到底從何而來呢？

從我們的大腦嗎？

說是也是，但，在此之前，又是從何而來呢？

最早最早的時候，資訊是來自生物。喜歡分節的「資訊」來自生物的歷史。

接下來，要讓貼近生活的內容先告一段落，然後要試著一窺位於天邊的資訊起源與編輯起源。

一言以蔽之，生物就是資訊的集合體，生物就是資訊本身，物種就是各種生物在經過資訊編輯之後所形成的差異，從這些差異可回溯至資訊編輯的起源。

蠶懂得利用資訊分節能力區分邊緣是鋸齒還是圓形的葉子，狐狸懂得利用資訊分節能力嗅出乘風而來的泥土味，海豚則是一邊透過回聲編輯同伴發出的訊號，一邊於大海悠遊。生物都擁有屬於自己的編輯機制，我認為這項編輯機制也是地球上生物活動的本質。

為什麼我會這麼說呢？這是因為生物原本是從資訊的高分子狀態誕生的。「資訊」與生命一同誕生，「編輯」則與生命一同開始。

生命誕生之際，資訊樣式也隨之誕生，這也是明白可證之事。

或許地球剛誕生的時候，最初的資訊編號附著在某種黏土上。*Genetic Takeover: And the Mineral Origins of Life* 的作者凱恩斯—史密斯曾提出「最初的資訊附著在柔軟的礦物質」這個假說，也曾因提出大膽的假說而掀起話題。

不管是黏土還是礦物質，附著在上面的最初資訊可稱為「生命的元程式」或是「元資訊」。這個元資訊就像是來自神的話語，我們不知道它來自宇宙的何處。姑且讓我們稱它為「元程式」。嚴格來說，應該是好幾代之前的元程式才對，但不論如何，這個元程式曾附著在原始地球的某處。

或許大家覺得，原程式附著在黏土質的說法有些難以理解，但大家不妨想成浮雕印刷，或是日光曬印照片、藍圖，總之就是孕育生命的「原始資訊或是藍圖」，在此我要請大家注意「可轉寫型」這個特徵。

在經過一段歲月之後，保護這個元程式的生物膜出現，這就是第一個聚合物類型的資訊高分子，生命也是在此時誕生。這種生物膜擁有資訊穿透性的特質。

也就是說，生命是在資訊的程式轉換成「素材」之後誕生。

這點真的超級重要。

不是先有生命，資訊才出現，而是先出現了資訊，接著才為了維持與保護資訊，而出現了「生命這種樣式」。完成這種設計的就是被譽為生命藍圖的DNA與RNA，這也是遺傳資訊的起源。

DNA是由腺嘌呤（A）、胸腺嘧啶（T）、胞嘧啶（C）、鳥嘌呤（G）這四種編碼（鹼基）組成。

雖然只有四個，卻能創造一定數量的組合。地球上的所有生物都是這四個編碼的組合，而這也是資訊化學的文法。再者，DNA是兩股纏在一起的二重螺旋結構，其中一條的一個扭轉構造有十點二個ＡＴＣＧ，假設一個鹼基為一個位元，就會有十點二位元，兩條ＤＮＡ各出一個扭轉構造的話，則是二十點四位元。ＤＮＡ的一個扭轉構造通常是三至四埃（ångström）的長度，簡單計算之下，ＤＮＡ擁有的遺傳資訊約有六十億位元，這資訊量真的十分驚人。

如此大量的資訊與生命的歷史，在各種生物的每個細胞展開漫長的旅程，所以生命的歷史就是資訊的歷史，也是源自ＤＮＡ或ＲＮＡ的編輯歷史。

若問生物如何整理如此大量的資訊，當然就是透過「分節」這種能力。

簡單來說，就是讓生物體內的Ａ資訊與外部環境的A'資訊一致，再將Ａ－A'關係視為一個分節。比方說，蝴蝶或是其他昆蟲將體內的分節所擁有的資訊，與花蜜這種外部環境的資訊進行編碼共享處理。在此令人驚訝的是，「外部」的花蜜與昆蟲「體內」的感測器在資訊化學的層面是一致的，所以昆蟲體內的程式才編輯這些來自外部環境的資訊，成為一種互相作用的關係。

順帶一提，每種生物都有屬於自己的資訊化學的文法。一如前述，分節的多元化與複雜化催生了文法，而此時扮演關鍵角色的正是生物的「自我」，也就是「臨時的核心」，換言之，就是「自我資訊」的設定，因為沒有主詞，文章就無法成立。這在生物學稱為「自我組織化」的流程，不過，此時不會設定過於強硬的自我，而是會設定為柔軟、靈活、富有變化的自我。

以上就是粗淺的「現在進行式的資訊編輯史」的起點。

如果要以較新的概念解釋，那就是於生命初期發生的資訊編輯戰略。

最近的分子生物學界將資訊編輯戰略稱為「自私的基因所擬定的生命戰略」，或是「生命生存機器的保全策略」（英國演化生物學家理察・道金斯）。自私的基因是指基因為了延續自己的生命，會選擇適當的生命體作為「旅館」，所以這種基因才被冠上「自私」一詞。在當時，「基因是載運生命的船隻，不是生命載運基因」的這種想法帶來相當大的衝擊。說得簡單一點，基因是股東，生命只是公司。

不過，目前已知的是，不是只有基因具有資訊戰略。我們的大腦也會隨時處理資訊，免疫系統也會不斷地檢查資訊，而且免疫系統也有「自我」，也就是所謂的免疫自體，總而言之，所有生命體的活動都具有資訊編輯戰略。

除此之外，我們為了處理各種資訊，已在體外留下了語言、符號、音符、繪畫這些「資訊的痕跡」。我們不只體內有資訊戰略，還是利用體外的這些「道具」操作資訊的動物，由此可知，我們每天都在執行資訊戰略。

到底是什麼樣的編輯戰略呢？了解這點也能成為「編輯工學」的養分。接下來讓我們以記憶與播放的機制為例，思考這個問題。

3 記憶與播放的軟體

剛剛提到，編輯的歷史非常長遠，也直截了當地認為，編輯源自生命起源的連續劇。

這部分會在後續的內容不斷強調，這是因為在人類的歷史不斷前進之際，編輯在社會與文化層面，展現了不同的樣貌，也扮演了各種角色。假設編輯如此重要，為什麼「編輯」這種方法直到最近才受到注目呢？那是因為用來表現「編輯」的詞彙實在多不勝數。

仔細回想就會發現，寫作、作曲、思考、探索、製作年代表、撰寫營業企畫書、撰寫方程式，都是編輯的一環。

隨著電腦與電子網路的普及，才開始有人發現，這些分頭進行的作業有著極為相似的機制，所以我才覺得我應該蒐集這些編輯作業之中的共同特徵，以及讓這些特徵串聯，藉此闡明一股沛然莫之能禦的「編輯能量」，一直在歷史與社會之中運作的事實。

其實，比較、比喻、推理、類推都是「編輯」的一種。蒐集資訊，整理資訊，再從中挑選幾個資訊，然後找出這些資訊的相關性，這個流程就是所謂的「編輯」。雖說進入多媒體時代與ＩＴ時代之後，「編輯」像是突然得到世人的關愛，但之所以如此，全是因為「編輯」擁有極為漫長的歷史，也因為如此，我才會在前一節回顧編輯的歷史時，一口氣回溯到生命的起源。

話說回來，生物正是透過資訊編輯的過程進化。

這種資訊編輯的機制大致有三個起源。

其中之一是遺傳資訊，這部分已在前一節介紹。第二個是免疫資訊系統。這個系統非常有趣，尤其為了形成「免疫自體」，擁有「非自我」這種認知能力的機制，而這種機制也備受矚目，但真要討論，又顯得過於複雜，所以本書予以省略。有興趣的讀者可參考多田富雄所著的《免疫的意味論》（青土社）。

第三個就是中樞神經的發展。接下來要從第三個的中樞神經進入下一個話題。

大致上來說，在生物的歷史之中，最早擁有神經系統的是頭索動物亞門的文昌魚，其次則是昆蟲。不過，昆蟲擁有外骨骼這種骨骼突出體外的設計系統，所以身體沒辦法長大，神經系統的發展也因此受限（我們哺乳類的是內骨骼）。

反觀曾一度式微的低等哺乳類，則在恐龍滅絕、植物茂密與氣候溫暖的地球，慢慢地讓神經系統進化，最終發展出擁有中樞部位與末端部位的中樞神經系統，而這個中樞部位又繼續肥大，茁壯，最後便演化出大腦。

簡單來說，大腦就是中樞編輯裝置。

絕大多數的資訊都在大腦儲存、交換、剖析、排列、挑選以及建立相關性。

為了完成上述的處理，大腦擁有一千億個以上不斷運作的神經元，而這些神經元之間，有所謂的突觸傳導機制，電子訊號也會由突觸轉換成化學訊號。光是大腦皮質就有十萬乘一百億個突觸，所以這些突觸的結合或是組合數量可說是天文數字，足足有十的後面接著一百萬個零這麼多。研究免疫學與大腦的諾貝爾獎得主傑拉爾德．埃德爾曼就曾說：「若知道是如此龐大的組合，就不難理解內心是從大腦形成這點」。

突觸的末端會釋放猶如孢子的神經傳導物質與神經調節器這種化學分子，各種「意義」便是透過這個過程編輯。

在大腦這些功能之中，我們最該注意的是記憶與播放的機制。

我們的大腦內建了長期記憶、短期記憶、情節記憶、複誦記憶等等這些記憶模式。

我們平常就會不斷地交替使用這些模式，但是在樹蔭底下讀書、想事情或是寫企畫的時候，我們必須讓這些記憶全速運轉，也得有效率地播放這些記憶。

比方說，我們通常是透過資訊的「圖」，以摘要的方式播放昨天一整天發生的事情，但其實也可以播放更細膩的事情，此時會讓大腦之中像是滑鼠游標的「編輯子」四處滑動，試著尋找哪個部分會激發。

如此一來，就會想起昨天早上起床後，洗了臉，一邊讀報紙，一邊吃吐司，一邊注意報紙某一頁的標題這類細節，有時也可以看到完全的版面。不管怎樣，這個標題有可能在過了三天或是一週之後完全消失。之所以會如此，是因為大腦在記憶東西的時候，會先決定這些東西是要放進長期記憶還是短期記憶。其實不管是何種記憶，一開始都是短期記憶，等到不斷地重複播放之後，才會被放進長期記憶的儲存庫。若問為什麼會是這個順序，是因為要平均地記住各種大小事，我們的「充滿意義的生活」就會變得沒有特徵。

在此為大家介紹一下短期記憶與長期記憶，方便大家參考。

來自外部的資訊會在未經處理（未轉換意義）的情況下，放進屬於感覺的儲存庫。這個過程會在瞬間完成。比方說，有白色的東西從眼前一閃而過的時候，這個資訊也會被上述的機制捕捉。印度哲學或是佛教有「剎那」這種單位，一說認為剎那是七分之一秒的長度，或許最初的資訊處理就是這麼短暫。

接著會有大量的資訊被分配到短期記憶，但所謂的短期記憶是最多保留十五秒就結束的記憶。目前我們還不太了解這個記憶，但我最記得的就是喬治・米勒預測的「七組塊（chunk）的記憶」。所謂的組塊與之前提及的「分節」非常類似，K 這個文字就是一組塊，「山上」、「有綠色的怪物沉睡」也都是一組塊。米勒認為短期記憶就是以七組塊這個單位編排資訊。

要讓短期記憶成為長期記憶需要使用複誦記憶這個迴路。我們看著電話簿的電話號碼撥打電話時，通常會在口中複誦電話號碼，而這就是所謂的複誦記憶。

不過，要讓短期記憶成為長期記憶需要不斷地驅動這個複誦迴路。大家可以想成運動或唱歌的彩排。打擊、傳球或唱歌在經過多次練習之後，基本的感覺記憶是不會消失的。

這種複誦也分成維持複誦與精緻化複誦這兩種。維持複誦比較偏聲音或是圖片，有時候我們明明記得對方的名字，卻遲遲想不出是哪幾個字，或是明明想起對方的臉，卻想不起名字，這都是因為維持複誦沒有發揮作用。只有在放空的時候才想得起來某首歌也屬於相同的情況，至於精緻化複誦則是在接收資訊的時候就先徹底編碼，之後就能從長期記憶的儲存庫快速取出。

長期記憶與各種軟體或工具有關。比方說，透過記憶術重新排列組合的記憶，或是與特定狀況連結的記憶，因聊天對象而播放的資訊，都很容易轉換成長期記憶，所以長期記憶的機制也變得相當複雜。

不過，長期記憶最重要的特徵就是「意義」。純粹的感覺資訊在與「意義」的系統結合之後，即使過了很久也能重新存取這個資訊，這個資訊也會成為編輯的主要對象。一般認為，這與大腦之中的映射機制有關。

大腦生理學者與認知科學家曾針對上述的記憶與播放的機制進行過無數次的實驗。初期最為有名的實驗非常多，比方說美國神經生理學家羅傑・斯佩里的實驗，美國認知心理學家喬治・斯珀林找到圖像記憶儲存庫的實驗，康乃爾大學教授的奈瑟與林賽的圖像記憶實驗，都是其中一種。

我曾非常執著地鑽研這些實驗報告，但提出關鍵結論的報告並不多，我甚至覺得有許多實驗讓研究方向走偏，不過這些實驗也成為寓意深遠的編輯工學的提示。

接下來要一邊對照「編輯」的機制，一邊參考過去的研究，說明記憶機制的重點。

第一點，在記憶的前哨戰之中，「注意」會創造重大的契機，這部分已在第一章的時候提過。

大家可曾聽過雞尾酒會效應？這是當你處在嘈雜的派對時，若想同時聽清楚左側與右側的對話，就會兩邊都聽不清楚的現象。可是當你將注意力放在某一方的時候，不管周遭再怎麼嘈雜，你還是能夠聽得清楚。這種注意力可讓資訊順利進入短期記憶的儲存庫，因此注意力的結構應該藏有記憶系統的前驅性。

第二點，在記憶與播放的時候，「類別」與「類型」會扮演重要角色。就我所知的範圍而言，「播放記憶」就是「外部的資訊找出與自己類似的類別或類型」的過程。假設這點屬實，就不該只是針對長期記憶或短期記憶的機制進行實驗，而是該尋找類別儲存庫與類型儲存庫的所在位置。

在此想為類型多做一些補充。與類型（prototype）相似的詞彙，還有典型（stereotype）或是原型（archetype）這類字眼，由於很容易混淆，所以才打算在此說明這三者是截然不同的東西。「類型」就是在開發東西之前，必須先建立的東西，一如不知道椅子為何物的設計師在設計椅子的時候，必須先知道椅子是什麼。記憶與播放就需要這種「類型」。

至於「典型」，就是大家在談論偏好的女性時，常會以瑪麗蓮夢露或岩下志麻作為比喻對吧？也就是透過具體的例子說明傾向，換言之，典型很常用來比較或區分資訊。

反觀「原型」則是沉睡在人類意識或心理的共通之物，與佛洛伊德分道揚鑣的瑞士心理學者榮格也非常重視這個原型。在造物神話或是心理描述的情景之中，也認為這種原型是共通的。一般認為，動物也會對這種原型有所反應。一如讓十字形狀的影子投射在小鴨子的身上，小鴨子就會立刻躲進鴨媽媽羽翼的例子，此時的十字形狀就是所謂的原型。一說認為，鯊魚會對長帶狀的物品產生反應，也屬於原型的一種。

不管是類型、典型還是原型，都是編輯工學常用的類型學。

第三點，在討論記憶與播放這種大腦的軟體時，必須先討論框架（schema）扮演了什麼角色。所謂的框架是認知科學界巨擘、麻省理工學院教授馬文・明斯基提出的概念，簡單來說，就是當我們在思考或是採取行動的時候，在大腦與內心浮現的「象徵特定狀況的資料結構」，而框架的英文則是 frame。

如果框架只有這樣的內容，就不大需要特別提出來討論，但框架理論的趣味之處在於，在我們的大腦（內心）浮現的框架之中，有預設的空白欄位，所謂的預設就是只能填入特定事項或資料的空白欄位構造。

比方說，我們在想像房間這種框架時，只要知道一邊有門，大概就會覺得某一邊會有窗戶，而這個窗戶就屬於預設的部分。明斯基認為，我們的大腦（內心）有各種類似上述房間的框架，而且這些框架都有預設的空白欄位（slot），等待資訊陸續流入。簡單來說，這些欄位就是「不太受限的小空間」，或是在記憶庫之中什麼都沒放的架子。

雖然框架理論包含了這些意義深遠的推理，但知名科學史學家托馬斯・孔恩對此提出了「這與範本似乎有些出入」的看法，的確，記憶與播放應該具有「範本」的功能才對，我覺得或許可將這個範本視為記憶的儲備庫。

第四點，這是傳統的記憶理論決定性的缺陷，不過在播放記憶的時候，明明我們都會進行「摘要」，也就是所謂的「資訊壓縮」，但這項機制至今尚未解明。

我認為記憶就是編輯，播放也是編輯，所以記憶資訊會依照編輯的構造被貼上標籤或是編碼，否則我們不會濃縮記憶，而是一五一十地輸出未經摘要的記憶。但事實並非如此，因為我們可以將一整天的事情濃縮為五分鐘的長度。

假設上述的事情屬實，我們便不是「將資訊填入記憶的構造」，而是「根據資訊記憶編輯的構造」。換句話說，記憶具有系統特性，將由大腦神經元打造的各種網絡模式當成儲備庫，而當這些儲備庫活化時，這些儲備庫的組合便會儲存為記憶。

所謂儲備庫的組合就是編輯的構造。只要試著釐清編輯的構造，後續輸入的資訊應該就會順應這個構造，不斷地累積，成為記憶的一部分。

第五點，也是我個人關注的部分。記憶與再生的機制和資訊的樣式有關，所謂資訊的樣式就是「資訊的模樣」，雖然與資訊項目沒有直接關係，但在記憶或播放資訊的時候，應該會發揮作用。

我曾訪問日本傳統藝術能劇的演員，他們告訴我，在練習各種能舞時，除了要記住所謂的「形」與律動之外，還要記住能舞台上師傅的樣子。這並不是隨時都能看得到的，但關鍵之處在於師傅的樣子出現，讓能舞臻至完美。

聽到這件事之後，我便不斷思考，自己過去的樣子應該也扮演了重要的角色。這是我與運動選手交流之後發現的事情。職業棒球的打擊者會頻繁地揮空棒也是相同的原理，他們應該是在不斷地回顧「過去打出安打的自己」或是「過去打出全壘打的自己」。

另一個值得注意的相關概念就是所謂的「架式」。「架式」與身體的感覺有關，比方說，手被綁住再記憶與在平常的狀態下記憶，情況是完全不一樣的。大部分的人在思考的時候，很常突然站起來，然後走來走去，或是抽根菸慢慢想，但這些行為應該都是在孕育充滿暗示的問題。

以上就是我透過五個觀點所思考的事情。

儘管說了這麼多，但還是沒辦法透過之前的實驗說明大腦的記憶機制與播放機制。就算在大腦插入電極，也無法了解這類機制，因為以物質類的電子回路說明大腦的方式，似乎已經到了極限。

另一方面，雖然本書未能介紹，但其實無法只以大腦的化學物質說明大腦的運作方式，若以電路比喻，這就是利用化學迴路說明大腦的方法。這是最近很流行的方法，也是重視多巴胺、兒茶酚胺、腦內啡這類腦內物質的見解。這是內容有些驚悚的研究領域，尤其這些都被視為「分子語言」，研究潛藏其中的對應關係雖然很刺激，但如今還停留在只能導出偏見的階段。

大腦是管理精神（內心）的中心。

同時大腦也匯集了情緒與邏輯。有時會想起遙遠的過去，有時會因為在眼中緩緩飄落的白雪而感動得全身顫抖。

要只以分子語言或電路說明這種精神層面的大腦，果然是緣木求魚。更重要的是，大腦是每個人都有的內建裝置，所以最理想的情況就是深入觀察自己的大腦。「我」就是最棒的受測者，因為與其說我們的精神（心）是由大腦這個硬體所創造，不如說是於大腦之中執行的軟體所創造，所以「我」這個軟體更應該放進自我審視的實驗之中。

這種以「我」為實驗平台在過去是只有哲學才有的方法。笛卡兒的「自我」就是代表之一。即使到了現在，仍有「自我參照」這類屬於「我」的問題。若想知道自笛卡兒之後，「我」的這個問題成為哲學問題的過程，可參考美國歷史學家莫里斯・伯曼的《從笛卡兒到貝特森》（暫譯，*The Reenchantment of the World*），或是吉塔・佩西斯－巴斯特魯那（Guitta Pessis Pasternak）所著的《還需要笛卡兒嗎？》（*Faut-il brûler Descartes?*）。此外，也可以閱讀喬治・萊考夫所著的《女人、火與危險事物》（*Women, Fire and Dangerous Things: What Categories Reveal about the Mind*）或是丹尼爾・丹尼特所著的《刻意立場》（暫譯，原書名 *The Intentional Stance*），應該都能找到一些提示。

不過，現在已是哲學家應用科學實驗結果的時代，科學家應用「我」的時代也早就來臨。第一章曾經提到，編輯的思想是將「自我編輯」作為動態的主題，大腦的問題也差不多是時候該在思考自我編輯之際討論。

如今精神已不是我們大腦的對象，而是大腦本身，因為精神就是大腦，我們有必要將大腦的編輯系統直接稱為精神。

此外，精神也是透過大腦這個編輯系統內建於「我」之中。看來我們只能在大腦內部以及大腦外部，試著利用這種錯綜複雜的關係，編輯這種千絲萬縷的關係。

橫濱國立大學的室井尚曾多次與我討論這個問題，也將討論的內容整理成《情報宇宙論》（岩波書店）這本書。其中談到「重點在於反過來將精神的編輯性視為一種新的精神型態」。我覺得正是如此，因為只有精神具有編輯的特性，大腦的系統也是透過這種編輯的特性運作。

此外，室井先生也提到，「精神的外化與編輯的可編輯性，意味著精神的型態是自由的，可在不同的地方形塑為各種構造」，我也認同這點。不管是精神或是大腦，本質上都是可編輯的，所以才能轉寫至外部。

那麼，轉寫至外部的大腦又是什麼？

探求社會與技術的可編輯性，應該就能找到答案。

第三章

資訊社會與編輯技術

1 從很久以前就是多媒體

美蘇之間的冷戰結束後，時代往多元化的方向邁進了一大步。人們除了渴望ＥＵ（歐洲聯盟）這種跨越國境的規範誕生，也創立了舊蘇聯、舊南斯拉夫這類多民族融合的國家。有些國家就像澳洲，是透過憲法保障多民族性的國家，有些則像是印度，直接將十三種語言印在紙鈔的國家，「多文化世界」、「文化相對主義」、「多元文化主義」這類詞彙也應運而生。

不是只有政治體系會迎來變革，每個人的價值觀也產生了變化。

尤其是日本，雖然締造了足以向全世界誇耀的高度經濟成長，卻陷入自鳴得意的迷思，進而在挑戰「經濟大國」與「生活大國」這兩大實驗之際慘遭滑鐵盧，因而作繭自縛，在戰後陷入困境。人們的價值觀也變得十分混亂。

如今，仍有一些人認為哲學是必要的，甚至有些意見認為，若不從根本改革教育，日本沒有未來可言，另外也有人提出「只要企業無法解決所謂的大企業病，日本就無法解決經濟危機，所以要先振興經濟」的見解。我認為上述的意見都很正確。

但是，與日本號駛向不同方向的是，日本列島已透過光纖、網路、通訊設備，打造全新的數位模式網，日本社會也因此成為資訊化。要注意的是，所謂的「資訊化」不等同於「編輯化」。在此讓我們思考這兩者的差異。

話說回來，「資訊化」與「編輯化」本就是一體兩面的東西，但為什麼日本的資訊化僅止於硬體，未進一步拓展至軟體方面，未出現所謂的「編輯化」現象呢？我曾在非常早期的時候，前往通產省（現在的經濟產業省）與ＮＴＴ這類高度資訊化系統的現場，提出「只有資訊化，沒有編輯化，非常危險」的意見，只可惜當時沒人願意接納。

不過，如今已是光纖、網路、電信設備布滿日本列島的時代，也總算有人高喊軟體方面的編輯化有多麼重要，而這就是打造ＩＴ社會的號令。

不管是高度資訊社會還是ＩＴ社會，當然都是由硬體打造的資訊化社會，資訊基礎建設是一切的前提。

不過，編輯化的現象卻不一定會隨著硬體出現。不管是回想昨天一整天的事情，還是盯著桌上的杯子，抑或從白雲的形狀聯想各種物品，我們都是在進行「編輯」，充斥於社會的報紙、雜誌或是電視，也出現了編輯化的現象。因此，徹底研究編輯化的機制，開發能自由應用這項方法的軟體裝置，可說是與硬體方向的資訊化並重的事前準備。

那麼該怎麼做，才能讓資訊化與編輯化合而為一呢？這個問題可透過「資訊文化技術」思考。

話說回來，人類的歷史是於硬體技術與軟體技術並行的情況下開始發展。石器、土器、織染、建築這類技術都是建構社會的技術，一直以來都備受重視，同時間，文字、繪畫、舞蹈或是詩歌這類文化技術也同樣受到重視。帕德嫩神殿、巴格達城牆、東大寺既是社會的一部分，也是硬體技術造就的結晶，而在這些地方進行的讀經、戲劇、詩歌、管弦樂，也是文化的一部分，更是軟體技術的結晶。

換言之，硬體的資訊化應該與軟體的編輯化齊頭並進。在近代國家出現之後，資訊化與編輯化之間才出現斷層。

尤其是軍人與百姓或是經濟與文化之間的斷層，都讓屬於硬體的資訊化以及屬於軟體的編輯化加速分裂。此外，於二十世紀問世的大量生產方式以及大眾社會的出現，都讓上述的現象失控。輪轉式印刷以及透過輪轉式印刷提供的大量資訊，總算讓資訊化與編輯化步上同軌，沒有唱片、電影、電視這些軟體就無法正常運作的娛樂產業也跟著形成，所以就某種意義而言，資訊化與編輯化在二十世紀的大眾社會，像是同一台車的兩個車輪般，一起向前滾動。

不過，隨著電腦問世，這兩個車輪又再次分裂。

這是因為擅長計算的電腦將社會帶向「透過數據判斷價值」的方向，而產生電腦所需的電子技術也讓大量的電子技術人員投身於「只有硬體，沒有軟體」的世界。

這個現象在辦公室電腦或是商業電腦的時代還未失控，因為一般人無法取得如此高價的產品，但是在一九七〇年代後期，個人電腦出現之後，情況便急轉直下。到了八〇年代之後，更是出現了決定性的改變，那就是每個人都認為自己能隨心所欲地操作電腦，只不過，這個幻想實在很難只以技術社會的多媒體技術實現，夢想與現實之間，充滿了無數的裂痕。

即使如此，硬體的資訊化（資訊技術）與軟體的編輯化（文化技術）還是非融合不可。我認為，合併之後的兩者可稱為「資訊文化技術」，但如今仍未受到青睞。

到底為什麼會變成這樣？

我認為，再這樣下去，多媒體社會或ＩＴ社會將無以為繼，因為今時今日的資訊技術是由未經整合的媒體技術拼湊而成。文字資訊是由文字處理技術產生，視覺資訊是由視訊技術與動畫技術製作，語音資訊是由錄音技術與語音合成技術製作，而計算的部分則是由眾所皆知的電腦負責。硬是要以這些技術湊成電子政府或是智慧家庭，實在是很奇怪的事情。

那麼該怎麼做才正確？我認為應該要從頭開始思考。在人類的歷史之中，早就蘊藏著由多媒體交疊而成的成果，我們也該從這個部分重新學習。

我們曾有一段只憑口頭溝通的時代，每個人都透過聲音與肢體互通訊息，但不代表這時候就沒有傳遞資訊的媒體，負責傳誦神話或民間故事的傳承者就是資訊媒體。

這些傳承者擁有驚人的記憶，是活生生的資料庫，每個人都可以點擊傳承者腦中的檔案，取得大量資訊。

等到文字發明之後，傳承者腦中的資訊便透過文字寫成故事，飛鳥時代的官員稗田阿禮傳承給飛鳥時代的貴族太安萬侶的《古事記》就是這類故事。荷馬、司馬遷也是像這樣將資訊寫成故事。

在此有件值得注意的事，那就是古代的資訊系統多以「故事」這種形式替資訊建檔。希臘神話、舊約聖經或是佛典正是這類產物。簡單來說，這就是以故事的形狀管理資訊的系統。仔細觀察今時今日的ＩＴ社會，就會知道我們缺乏了這種透過故事管理資訊的技術。

古代資訊世界不是只憑傳誦者或文字保存資訊，也會透過建築、雕刻、圖像、圖紋管理資訊。古羅馬最偉大的建築家維特魯威就曾說過：「建築是利用石頭撰寫的故事」。

建築是以梁柱、樓梯的位置，以及圖紋、雕刻的形狀表現各種資訊，每個人都可以透過柱子與階梯的位置，或是這些結構的圖紋以及雕刻閱讀其中的故事，就像是能透過視覺的方式閱讀

《聖經》，而此時的建築就像是多媒體系統。

在過去，透過圖像管理資訊的系統也發達。曼荼羅就是具代表性的範例之一。曼荼羅是透過大量的框架、位置與色彩所組成，點選其中難以計數的眾神畫像，就能取得各種資訊，而這些眾神畫像其實就是電腦的圖示（icon）。

眾神畫像（偶像）就是圖示這點，可說是寓意深遠的暗示。不管是希臘神話，還是印度、中國與日本的神話，都有數也數不清的神祇。

這些神祇擁有萬千面貌，還能組成絕妙的姿態。比方說，頭是老鷹，身體是獅子或是鹿、牛，表情是憤怒還是慈悲，手腳則具有動態的形狀，這些都在在證明這位神的畫像就是一種資訊圖示，也具備各種功能。將這些神祇巧妙地配置在神殿、聖殿或是曼荼羅的過程，在當時就等於是在撰寫資訊軟體的程式。

不過，今時今日已無眾神，也無曼荼羅，這些神祇與曼荼羅只於古老的宗教與美術史之中存在。

因此，孩子們便改在電腦遊戲或是動漫之中尋找足以取代眾神的畫像。這麼做當然沒問題，但不代表能在電腦遊戲或是動漫之中找到《聖經》的代替品，也還看不見另一位維特魯威誕生的可能性，因為現代缺乏了「創造資訊文化技術」的觀點。

網路上的網頁或是會議室都還只是一堆文字，也還看不見比過去任何時代更加濃密的雙向溝通，以及從這類溝通產生的「文化特徵」。我認為這是因為文字溝通的歷史定位被輕忽了。

文字在古代中世紀的世界普及，而當文字成為書籍，文字本身就稱為一種咒語，書籍則是世界本身。我本身是對網路寄予厚望的人，也透過網頁執行各種計畫，但網路終究無法成為實際存在的「世界」，而是一種新的「世界狀態」，也是一種將然未然的世界。

但是在過去，書籍立刻成為了「世界」。書籍誕生之後，再也不需要預先訓練多位傳誦者，而當媒體迎來革新之餘，抄寫員也應運而生。

所謂的抄寫員就是現代電腦通訊的系統操作員（system operator），過去的抄寫員能夠參與「世界」，今日大部分的系統操作員卻只是一種興趣。

抄寫技術中心的氣勢曾經非常恢弘。不管西方還是東方，這種抄寫技術中心都設置於修道院或寺院，而這些抄寫技術中心在當時足以稱為世界編輯室。

歐洲最先聲名遠播的抄寫中心就是位於由聖本篤（Benedictus）修建的卡西諾修道院的維瓦留（vivarium），而美國計算機科學家艾倫·凱（Alan Curtis Kay）最近對這個維瓦留多有注意這點也令人玩味。他曾告訴我，他想要打造像維瓦留這種多媒體系統。那麼，這種抄寫技術又有哪些屬於多媒體的特徵呢？

最值得關注的部分就是在當時，人們不發出聲音就無法讀書，也就是不知道「默讀」為何物。仔細觀察中世紀修道院圖書館的圖版就會發現自習室（carrel）的圖案。所謂的自習室，就是為了在讀書的時候，不讓旁人聽見聲音所設的空間。《源氏物語繪卷》也有侍女豎起耳朵，聆聽女官輕讀繪卷的光景。

不管是海洋的東側還是西側，所謂的「讀書」都會發出聲音，這也宣告著聽覺回路在知識的建構與再建構扮演了多麼重要的角色。大家不妨回想一下，在幼兒園、小學出聲讀書的情景。小孩子是透過聲音與聽覺記住詞彙，了解東西的形狀，以及體會各種顏色。

在建構新型態的ＩＴ社會之際，這點也暗示聽覺與聲音將會顯得更加重要。反過來說，不管電腦與手機變得多麼容易取得，只在小學設置電腦或是手機，不代表一切就會變得順利。

順帶一提，這種出聲閱讀的讀書法一直延續到古騰堡活字印刷術普及之前，也就是在十五、十六世紀之前都十分盛行。

在此要先介紹的是，在中世紀到近世這段期間，還發生了兩大多媒體變革。其中之一是「族譜」的發現，其次是「劇場」的應用。

在傳說之中，族譜源自聖約雅敬（Joachim）見到的異象，後來才進入奉行基督教的西歐社會，也有可能是由伊斯蘭社會所發明。其實歐洲的資訊編輯技術多是從伊斯蘭社會輸入，比方說，複式簿記技術、股票投資市場都是源自伊斯蘭社會。姑且不論這些，族譜的確為我們的歷史帶來巨大的變化。

第一項明顯的變化就是「家系」這種具有時間與空間性質的概念普及。一如《舊約聖經》第一卷的《創世記》有「挪亞生了閃、含、雅弗（創世記5：32）。雅弗的兒子是歌篾、瑪格、瑪代、雅完……歌篾的兒子是亞實基拿、利法、陀迦瑪（創世記10：3）」的敘述，血緣就像是一條線，而當我們了解族譜的原理，「家系」就能像是網子般張開，如此一來，透過血緣建構的資訊網絡也得以成形。換言之，當家系在各地傳開，資訊傳播的路徑也建構完成。親緣關係樹（phylogenetic tree）這種適用於整理資訊的軟體出現，也對知識分子帶來莫大的衝擊。

話說回來，在上述的族譜出現之後，全世界便被捲入血緣與家族互相抗爭的歷史，而這就是中世紀版微軟與摩托羅拉的對抗，或是中世紀版的IBM與蘋果公司的抗爭。

另一項資訊革命就是「劇場」的應用。這被歷史學家稱為「世界劇場」的誕生。舞台劇原本是政教合一的戲劇，而各種劇目的目的是透過戲劇重現前一年的重要資訊或是知識，但在這種形式之下，資訊編輯可說是毫無進展，所以才會打造新的劇場，向眾人宣告新的資訊世界誕生，而這就是所謂的世界劇場。

世界劇場最初的高潮於英國的莎士比亞時代出現。在泰晤士河河畔的天鵝劇場或是環球劇場都模擬了世界的構造，柱子與陽台的位置就是作業系統（Operating System），台上的演員則是圖形使用者介面（Graphical User Interface，ＧＵＩ），舞台劇劇本就是所謂的程式設計語言。

同樣的比喻也能套用在中國的元曲以及日本的能樂。日本的能舞台模擬了介於現世與彼岸之間的世界，而其中的謠曲雖然未能提供新的知識，卻重新建構了日本舊時代的大量知識，形同現代人口中的資料庫。每當我欣賞世阿彌的複式夢幻能，都能得到比現代任何軟體都深刻的多媒體感受。

我們就是像這樣在歷史的洪流之中，感受多媒體那波濤洶湧的航行。

可惜的是，沒人感受到這種航行與今時今日的多媒體之間的連結，頂多就是剛剛介紹的艾倫．凱想讓抄寫中心的維瓦留復活，或是日本資訊學者西垣通在《猶如祕術般的ＡＩ思考》（筑摩書房）提到了該在縱貫歷史的「汎記憶空間」建置ＡＩ而已。

這類想法並非前所未見。美國通訊技術先驅泰德．尼爾森提出的「仙那度（Xanadu）」超媒體構想，其實就是十全十美的多媒體系統。不過，泰德．尼爾森在一九六五年提出這個構想之後，一直過了二十年才出現 HyperCard 這套超媒體系統，接著又過了十年，也未能見到任何超媒體世界的「竣工」。

可見「資訊文化技術」的線在某處斷掉了。

我們當然不能對這件事視而不見，只能試著在某個領域創新，所以，我們該怎麼思考這件事呢？

我一直覺得，今後的日本應該導入與過去截然不同的典範，我認為這個典範必須具備「資訊化」與「編輯化」合一的特質，也就是硬體技術與軟體技術結合的特質，接著就是經濟與文化交融的特質。

在經濟與文化相依相行，「資訊文化技術」這個全新的展望從中萌芽之際，以及這項技術開始在ＩＴ社會漂流之際，ＩＴ社會的「華美」與「醜惡」才會同時出現。

2 讓經濟與文化交疊

前陣子與金子郁容、吉村伸對談之後，便一起寫了本《網路策略》（暫譯，原書名『インターネットストラテジー』，鑽石社）。我在這本書提到「流竄於網路的各種資訊，也有可能是資訊沙林毒氣」。

「資訊沙林毒氣」的確是無法充耳不聞的詞彙，但大致上的意思如下：

我們都聽過花粉症，也就是四處飄散的花粉讓人體的黏膜產生變化的一種症狀，我們不知道花粉來自何處，而且這些花粉的去向也十分隨性。至於在網路世界之中，我們雖然能知道對方的位址，網路世界卻潛藏著類似花粉症的現象，所以我才將這種現象比喻為「資訊沙林毒氣」。

如今這個世界已透過智慧型手機以及網路串聯，各種「內容」都能不受規範地在這個世界流通，所以我們已無法排除網路之中的「惡」。

江戶時代也有這類藏汙納垢之處，而且是由江戶幕府劃定的特定區域。其實都市只要失去這類場所就會消失。日本把這類場所稱為界限的「限」，連最近的都市計畫都會使用「界限性」這個詞。其實網路也有所謂的界限性，惡也會在這些界限之處蔓延。我們無法判斷哪些是「惡」，但是網路色情也是因此才被視為問題。

如果說得再精準一點，不管是哪種媒體，都一定會有「惡」孳生。一般來說，媒體都以超乎想像的速度傳播內容，所以只要是媒體，就無法規範這些「內容」。

我們的社會總是想規範「資訊」或是「內容」，卻不是隨時有人主動願意管理這些內容，大部分的人都採取視而不見的態度，因為管理內容實在太麻煩。

更何況，要是八卦雜誌開始透過自動販賣機銷售，或是網頁被癱瘓，無法順利連線，或是遊戲軟體發售當天，出現了排隊人龍，應該就有人會急著想要管理資訊，這不只是出自於關心，更是害怕被人指責管理不當，所以才進行自我管理。

話說回來，內容管理系統的本質與媒體的特性本來就互相排斥。網路也曾經出現功能優異的保護軟體，該開發商也因此大有斬獲，但其實再沒有比內容管理更偏離媒體本質的事情了。

基於這點，最近內容行銷（content business）這個字眼非常流行。這原本是個有點難以翻譯的詞彙，屬於生產資訊、內容與管理內容的領域。令人不解的是，在這個字眼誕生之前，大部分的人只想到硬體營銷與軟體營銷這兩種領域，直到最近，大部分的人才總算理解，在硬體與軟體的深處，還有所謂的「內容」存在。

說得簡單易懂一點，內容就是著作物，若改成我的口吻形容，內容就是與「著作型編輯創造性」相關的「資源」。

大眾也是直到最近才了解，讓這種「著作型編輯創造性」的資源透過一定數量的媒體發行（流通），以及方便各界使用的工作是由軟體負責。或許大家不太相信，日本在過去對此一無所悉。

姑且不論日本的情況為何，所謂的內容（content）就是一種資訊，而內容營銷就是與資訊有關的行銷，而內容營銷的世界認為能累積愈多產生著作權或是智慧財產權的內容愈有利。

我對這類商業行為的成長抱持著樂觀其成的態度，但我同時認為，如果內容營銷最終走偏，只將重點放在「內容管理」這一塊就完了。內容營銷的本意在於不斷地催生資訊與內容的編輯流程，而且這個編輯流程應該比預設地更為廣泛，因為「內容」的深處就是我們的想法、創意與感受。

所謂內容的深處就是我們的想法、創意與感受，就是內容的深處有「人類」存在。

以書籍這種媒體為例，書籍的背後有作者，唱片或ＣＤ這類媒體的背後有音樂家，而這些作者與音樂家都是透過自己的想法、創意與感受創造這些內容，所以只要稍微想像一下這些有血有肉的作者或是音樂家，就不難了解內容的深處有「人類」存在這句話。

同理可證，網頁也有相同的情況。網頁的內容也是由在網路的某個角落「呼吸」的人所創造，而這些資訊也都源自這些人的感受。

許多人都企圖以「無法透過網路見到對方」或是「多媒體無法傳遞觸覺」這類說詞批評上述的論點，但我真心覺得這種批評很無稽，因為「內容」是努力所得的結晶，所以這些批評彷彿是在說「讀書也沒用，因為看不見作者的臉」或是「欣賞電影很無聊，因為聽不到導演的意見」，簡單來說，這些人根本不懂所謂的媒體。

在歐洲社會出現畫風細膩的畫作之後，人們便發現這些畫作之中另有一個遼闊的空間，也因此大為驚豔。尤其在被譽為義大利佛羅倫斯最早的畫家契馬布耶（Cimabue）與被譽為歐洲繪畫之父的義大利畫家喬托（Giotto di Bondone）之後，以及義大利建築師阿伯提（Leon Battista Alberti）發明的透視法在畫作之中出現的時候，人們便覺得畫面深處的窗戶有一股風吹入，也想走出這扇窗，欣賞窗外的風景。

這點同樣發生在照片與電影這類媒體。

還記得小時候，我最引以為傲的父親在一台至少有二十公斤的機械前面對大家說：「準備聽聽看這台機器的聲音了嗎？」當這台笨重的旋轉機器緩緩播出父親低沉的聲音之後，我、妹妹與媽媽便當場捧腹大笑。這台機器其實是一台盤式錄音機（Open Reel）。

其實就是這麼一回事。技術革命帶來的驚訝，往往就是這麼一回事，而且背後一定有「製作者」。即使虛擬實境創造了虛擬社會，虛擬社會的內容也一定是由人製作，使用者則於網路的兩端，與內容製作者的臉與聲音連結，所以不需要對多媒體過於驚訝。如果是不會讓使用者為之驚豔的多媒體，就更不需要大驚小怪。

簡單來說，「打電話的時候看不見對方的臉，所以電腦是有所侷限的媒體」這種討論沒有半點趣味性可言，我也認為這是加拿大哲學家馬素・麥克魯漢聲名大噪之後，知識分子特有的「批評傳統」，莎草紙這類型的媒體都是有所侷限的媒體，我也不覺得今後會出現完美的媒體。

因為媒體是否完美，都是由人類判斷，而我也很排斥將人類稱為完美的媒體，如果真想提出這種論點，應該先從蚯蚓、野狼、海豚這類動物的媒體性開始討論。

既然是這麼一回事，內容的「去處」以及「深處」都有資訊編輯的痕跡，而且資訊編輯的範圍非常廣泛（尤其是通訊衛星誕生以來），距離也非常長（尤其是無線通訊問世之後）。大致說來，是以下列的順序連結：

身體↓知覺↓想像↓詞彙↓呈現方式↓內容↓媒體↓發行（流通）↓軟體↓介面↓硬體↓基礎建設↓網路↓地區↓國家↓地球

老實說，上述這種線性排列並不正確，因為有些部分像是迴圈般不斷地循環，而且重點在於其中有許多的網路介入。

話說回來，讓如此漫長的迴圈變得簡潔之後，就會發現有許多「基礎溝通模式」在這個迷你網路的各個角落運作。

這就是長期君臨近代知識領域的「交換模式」（有時可擴充為「贈與及交換的模式」），也就是「有發送者就有接收者。那麼兩者之間交換了什麼東西呢？」的見解。「只要有製造商，就有使用者」、「只要有供給，就有需求」也是類似的見解。

不過，這可不是能一語道盡的見解，所以讓我們稍微了解一下內容吧。

在過去被奉為圭臬的溝通模式為薩南—威佛模式（Shannon-Weaver Model，參考圖一）。這是由資訊通訊理論創始者克勞德．薩南所提出的理論。

從圖一可以發現，這是當發送端傳出一定程度的訊息，就會先由傳送器轉換為訊號，並於途中穿過雜訊，再透過接收器傳遞至接收端的模式圖。由於這個模式是以通訊理論為前提，所以在過去，一直都被視為顛撲不破的標準溝通模式，不管是俄羅斯語言學家羅曼．雅各布森的語言溝通交換模式，還是法國人類學家克勞德．李維─史陀根據結構主義提出的交換模式，都與這個「薩南威佛模式」有異曲同工之妙。

不過，現實世界的溝通未必遵循這類模式。

因此，社會學家為了將發送端與接收端從機器換成人類，便設計了有情緒與意識的人類進行編碼（encode）與解碼（decode）的模型（參考圖二）。站在發送端的人類會在大腦整理要發送的資訊，接著再透過嘴巴這類感官將這些資訊重新編碼為訊息，再將訊息傳遞給站在接收端的人類，而站在接收端的人類則透過耳朵這類感官接收上述的訊息，並在解碼之後，了解訊息的意義。

雖然美國傳播學家大衛．貝羅（David Kenneth Berlo）的模式比較有名，但可如下簡單扼要地說明。「約翰為了產生訊息，讓中樞神經對發聲部位下達了命令。發聲部位化身為編碼裝置，再發出『瑪麗，星期天一起去野餐吧』的訊息。這個訊息透過空氣之中的音波傳遞，再由瑪麗的聽覺部位解碼，然後刺激瑪麗的神經脈衝，最後再由瑪麗的中樞神經解讀訊息的意義」。

圖 1　薩南—威佛模式

具編輯性質的溝通實驗模式

「通訊」的英文為 communication。一直以來，人類的溝通模式都是以通訊理論為基礎，但在這個理論之中，缺少了生物自有的「編輯性質」。

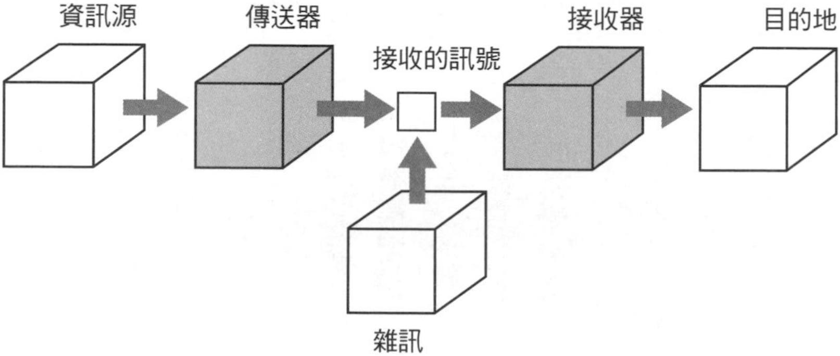

即使如此解說，這個模式還是很粗糙，沒有半點超越薩南—威佛模式。

所以才有人試圖修正這個模式，但還是沒能創造更為優異的模式。比方說，當時國際日本文化研究中心的森岡正博就於《意識通信》這本提出各種假設的著作之中，引用了德裔美國格式塔心理學家庫爾特・札德克・勒溫（Kurt Zadek Lewin）的力場理論，以「意識交流場域」、「觸手」、「交流人格」，這些自創的用語說明訊息交換前後的關係（簡單來說，就是透過「場域」進行溝通的模式），卻也讓訊息交換前後的關係變得很複雜與難以理解。

其實新的溝通模式更簡單明瞭，只要加入「編輯」這個部分即可（參考圖三）。換言之，就是將資訊傳遞流程視為「交換編碼模式」，而非「訊息交換流程」。

圖 2 社會學的溝通模式

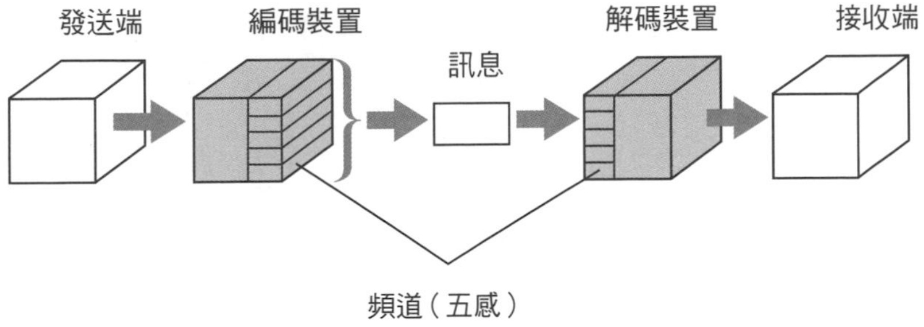

圖 3 具編輯性的禮物交換模式

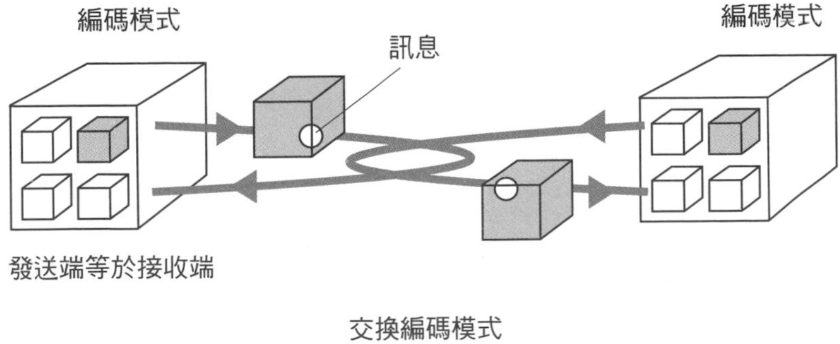

請大家回想一下，第二章章介紹記憶播放的時候曾經提到，播放記憶就是「外部的資訊找出與自己類似的類別或類型」的流程，也請大家回想一下「不是將記憶填入記憶的構造」而是「透過資訊記住編輯的結構」這段內容。

當我們進行溝通時，並非根據外部的刺激，在大腦之內將那些與外部刺激等價的資訊轉換成其他符號（符號轉換過程）。此外，在口頭說出那些因為上述的轉換而想到的詞彙時，這些宛如「符號的郵遞物」也不會在收件人收到之後進行解碼。

換言之，我們是在資訊交換流程之中，互相傳遞看似相近的「編輯的禮物」。簡單來說，就是讓脫離領域的編碼模式彼此連接，這個過程就稱為「編輯的交互作用」。若問為什麼會是如此，是因為在這個過程中，交換的不是資訊或訊息，而是意義。

在薩南提出的通訊模式之中，訊息的確是等價交換的，但那只是「A」的聲音交換為「A」的聲音，「是」的格式轉換成「是」的格式的等價交換而已，換句話說，這種等價交換與意義沒有任何關係，一如電話或是傳真也只是針對資訊的聲音或形狀進行編碼與解碼而已。

不過，我們之間的溝通卻是對映式的意義交換。

意思，經過編碼的詞彙或肢體動作被釋放到名為「意義」的市場之後，身在「意義」這個市場的另一端則從這個市場擷取自己需要的意義。總之請大家先想像這種光景。假設有一群小孩正圍在一起，七嘴八舌地討論，結果來了另一名小孩，然後這位小孩從這個吵嚷的「意義市場」擷取了自己聽得懂的部分。這意味著，在這個小孩身上發生了「解碼」這個過程。

若問當下這個小孩做了什麼事，就是將名為編輯的繩索拋入這些小孩討論的場域之中，再將自己擁有的各種編碼模式當成解讀訊息的場域。於此同時，現場的其他小孩也做了相同的事。不過，最初圍在一起討論的小孩已經完全融入對話之中產生的編碼模式，而遲來的小孩則無法完全了解先前的對話。

我想，大家應該已經知道我想說的是什麼。

當我們進行溝通時，不是先有資訊交換的結構，而是先有在當下產生的編輯結構。然我我們一邊觀察這個編輯結構，一邊從中擷取我們需要的意義，而這個過程就是將我們擁有的編碼模式丟進編輯結構，再於編輯結構之中四處打撈與這個編碼模式連結的編輯場域碎片。

金子郁容曾提出一個有趣的說法。

他曾在史丹佛大學任教，所以擁有接近完美的英語對話能力，這意味著，也擁有英語的編碼力與解碼力，可是每當他試著參加派對，也就是美國社會的「意義市場」，他總是無法立刻了解現場的對話，也不知道該如何反應。金子郁容若要在派對與其他人溝通，恐怕得先進入派對的編輯結構。

話說回來，我的編碼模式假說與電腦業界的「代理人導向計算」有一些相似之處。

代理人導向是指將擁有自律性、交互性、反應性、自發性的多個代理人（代理模型）放入電腦網路，再透過彼此協調的方式，共享與解決問題的想法，一般來說，可透過協調方式分成任務共享型（goal driven）與結果共享型（data driven）兩種，可使用被稱為黑板的知識板或是加入同意、交涉、說服的功能，算是非常有趣的構想。

不過，代理人導向的代理機器人的個性過於鮮明，過於讚美設計者的結果，也使得這種代理人導向的構想缺乏交互作用性。雖然網路有許多代理人運作，但就現況來看，還沒有產生所謂的交互作用力（也就是編輯力）。

在前一節的尾聲，我提出「經濟與文化不可分割」這個意見，但我要說的是「經濟文化」而不是「經濟與文化」。

經濟文化是單一概念，而且是呈現網狀結構。所謂的多媒體社會就是朝「網狀經濟文化」發展的社會。每當「內容」在這種社會之中交換，都會期待能夠產生經濟行為。對ＩＴ寄予厚望的企業當然也是這麼想，可惜的是，業界卻背道而馳，一味地專注製造硬體，卻忽略了製造「內容」。

這等於是讓「經濟文化」分裂成「經濟屬於機械，文化屬於內容」，若真的想要創立ＩＴ產業，就必須避免上述的分裂，努力讓經濟與文化融為一體，打造完整的「經濟文化」。

不過，經濟與文化之所以會分裂，經濟學也有部分責任，因為經濟學太過忽略經濟與文化曾融為一體的歷史，所以我認為接下來應該開始下列這些事情。

換言之，重新將經濟視為「以交換行為為媒介，編輯財富與服務的流程」，也就是讓「經濟文化的編輯流程」集中在所有的過程之中。接下來請讓我再贅述幾句，因為這部分非常重要。

為了讓想法更加鮮明，所以要先從根本的問題著手說明。

雖然一開始就從最棘手的貨幣問題開始說明，但是在「網路經濟文化」的思維之中，貨幣就像是一種語言，正因為是語言，所以各國、各民族的價值觀都不一樣，呈現方式也都不同。一如美元、馬克與日圓就像是美式英語、德語與日語般不同。

一如具有語言流通性的貨幣能夠徹底流通，當貨幣穿上語言的外衣，就有可能流通。如今，這樣的時代已即將來臨。比方說，正在網路邊陲地帶盛行的電子貨幣（electronic money）或是數位貨幣（digital cash）就是其中一例。電子貨幣或是數位貨幣其實就是在網路這個市場流通的「貨幣語言」，說得更正確一點，就是編輯工學所說的「資訊貨幣」。

儘管資訊貨幣不是真正的貨幣，卻能透過網路的通訊協定（protocol）於全世界的市場流通。曾讓世界為之忌憚的猶太裔商人喬治・索羅斯（George Soros）所進行的全球性投資活動，也早已驗證了上述的流通性。

當資訊貨幣在網路流通之際，資訊就產生了價值，資訊的網路性也就能取代市場。

試著建立這種假說之後，就會不由自主地臆測，在市場形成的背景之中，早就潛藏著前述的經濟文化的特徵。

換言之，市場除了進行物品與物品交換，或是物品與貨幣交換之外，還有類似資訊貨幣的東西在背後進行交換。針對歷史進行推測，就像是我的責任。

過去的經濟交換是以物易物。

每個人應該都知道這個事實。以歐洲為例，最初是以打火石交換。法國土爾生產的打火石被運到庇里牛斯大區。這是石器時代的經濟行為。慢慢地，北海的皮毛、琥珀與地中海的小麥、裝飾品在「琥珀之路」這條縱貫歐洲大陸的崎嶇道路的中間點相遇，一百張皮毛能與五十袋小麥交換。這個中間點有可能是沿著「巡禮之路」而行。

交換場所曾有所謂的「市場」，而市場的特色與型態全由市場這個詞彙的起源所決定，比方說，拉丁語的市場（forum）就具有廣場、祭祀的特色，所以才會衍生出市集（fair）這個單字。另一方面，日耳曼語的 Messe 則是源自教會活動的彌撒（missa），所以 messe 這個單字的意思是具有教會活動色彩的集市。日本也有類似的集市，例如在東西交叉路形成的東西市，或是決定祭祀日期的四日市或是八日市，以及用於舉辦歌垣（年輕男女透過歌謠彼此示愛的集會）的海柘榴市。

這些早期集市的特徵之一就是在舉辦之際，會同時「建立制度」，也就是每次舉辦集市的時候，這塊土地的統治者就會再次向眾人強調該於這塊土地實施的制度。另一個特徵就是為了建立彼此認同的交換基準，會決定作為標準的商品。這種商品就是所謂的「商品貨幣」，這也是金屬貨幣誕生的前提。

之後，在呂貝克、漢堡、香檳這些地方出現了大型集市，但這些大型集市已非物物交換的型態，而是透過債券或是貨幣進行交易，負責仲介的商人或是代理商也跟著登場，之後，足以供給一方土地所需的中央市場也成為跨地區的轉運市場。英國人、弗里斯蘭人、倫巴多人在八世紀造訪了聖但尼修道院市場，也在這個市場交換葡萄酒、蜂蜜、鹽與織品。根據德國經濟學家維爾納・桑巴特（Werner Sombart）的說法，歐洲的資本主義是於十三世紀形成。

在這種交換市場的發展過程之中，交換的不只是「商品」，還有其他三個東西一起交換。

在此希望大家仔細想想，到底是哪三樣東西進行交換。

答案就是「貨幣」（或是商品貨幣）、「奴隸」與「資訊」。

在這三種東西中，只有奴隸停止交換，資訊的交換比重則變得無限大。就本質而言，今時今日的金融交易其實都是資訊交換的一種，這也意味著具有經濟特性的編輯模型也跟著交換。在當時，資訊的交換不僅止於話題的交換。各種話題當然會於商人之間流傳，例如我們在小時候聽過的辛巴達歷險記或是天方夜譚雖然是很極端的例子，不過，與話題一同交換的資訊更是屬於經濟方面的資訊，其中也包含債券或支票所代表的「信用」。

正因為有這種「信用資訊」，資訊才會與商品或奴隸隨著各地的商人流通（這簡直就像是網路），而這也是一種以經濟交換為前提的編輯模型。

另外還有一件非常重要的事情。

那就是在市場負責評估商品價值的第三方。

如果沒有人在商品交易之際扮演評估價值的第三方，從 A 地運來的A'商品，以及從 B 地運來的B'商品，就無法順利交換，因為沒有交換的基準。確認「信用」的證人也無法建立這種基準。

我將這種負責在 A 方與 B 方之間斡旋的第三方稱為「豎耳聆聽的第三方」。在此可以為大家先提出一個結論，那就是「豎耳聆聽的第三方」扮演了賦予雙方商品資訊價值的角色，也是最初的「經濟文化的編輯者」。

他們也扮演了讓競標得以順利進行的角色。就我個人的推測而言，辛巴達歷險記或是天方夜譚有可能就是由這種「豎耳聆聽的第三方」所寫，所以他們也是非常優異的故事寫手，而他們不只與來自各地的商人（以及商人的家族）交換商品、奴隸與信用資訊，也交換上述的「故事」。

至於「故事」到底是什麼，請容我在第五章第二節的時候統一說明，但我想先說的是，這的確是絕佳的編輯模式範例。

所以結論是什麼？這個最初的「經濟文化的編輯者」在後續的歷史之中，以不同的型態傳承。

至於這個傳承如何與今日的網路、多媒體社會結合，又是如何與交換明日的「內容」的經濟文化動向結合，將於下一節說明。

3 歷史之中的編輯素養

每當我望向明日的媒體時代，思考所謂的「經濟文化」時，總是有兩個十分重視的歷史模型。一個是起源於英國的咖啡館（Coffee House），另一個是源自日本的茶湯。這兩個歷史模型都是獨樹一幟的經濟文化模型，也是無與倫比的編輯空間。

於十七世紀末的倫敦或牛津如雨後春筍般增生的咖啡館，在倫敦大火（一六六六年）之前，多是二層樓式建築，有趣的是，一樓會有女性，但二樓卻只有男性，也因此成為熱氣蒸騰的社交場所，從君士坦丁堡傳入的深濃咖啡在在那裡經過英國文化的輪番洗禮，菸草也如雲霧般，於整個空間繚繞。如此咖啡館，在五個領域造就了「資訊編輯」的成果。

首先，咖啡館創立了新聞學。當時的咖啡館都放著令紳士爭相閱讀的資訊公報，所以當時的咖啡館簡直與資訊編輯中心無異。

一六五九年，英國新聞記者亨利・穆迪曼（Henry Muddiman）創立了 *The Parliamentary*

Intelligencer 資訊公報，六年後又創立了《牛津公報》（*The Oxford Gazette*）。之後以《格列佛遊記》一書躋身知名小說家之林的愛爾蘭作家強納森・史威夫特以及《魯賓遜漂流記》作者丹尼爾・笛福，也都曾編輯《閒談者》（*The Tatler*）、《旁觀者》（*The Spectator*）、《觀察家報》（*The Examiner*）這類資訊刊物。這些都是歐洲首見的活字編輯媒體，裡面刊載了各種國內外的珍稀資訊，也搔動著每一位來到咖啡館的紳士的好奇心。這一切在日後慢慢演變為歐洲的新聞學。

第二個領域是咖啡館讓「株式會社」得以發展，也催生了保險系統與保險公司。讀了《閒談者》或《旁觀者》而對國內外各種現象感到好奇的紳士開始投資未知的經濟世界，而感受到這股風潮的勞依德咖啡館（Lloyds Coffee House）老闆勞依德知道這些紳士對南海以及印度洋一帶有興趣之後，便從這些熱中於投機的紳士身上蒐集資金，組成投資者俱樂部，打造了株式會社的原型。

這就是所謂的 company（株式會社）。這些紳士將勞依德咖啡館視為莊家，也是全世界首見的共同股東，勞依德保險也就此誕生。

第三項創舉是咖啡館催生了「政黨」，為議會主義政治鋪路。

當時的政治家習慣將整個黨派的人邀到喜歡的咖啡館，討論國家大事。比方說，保守黨（Tory Party）喜歡去可可樹巧克力咖啡館（Cocoa-tree Chocolate-house）或是歐珍達（Ozinda's）咖啡館聚會，輝格黨喜歡去聖詹姆斯咖啡館（Saint James's Coffee House）或士麥那咖啡館（Smyrna Coffee House）聯絡感情。同時代筆鋒銳利的英國詩人亞歷山大波普也曾留下「咖啡館讓政治家變得聰明」這句名言。法國大革命時期的雅各賓黨或是吉倫特黨之所以會於巴黎的咖啡館集會，正是傳承了這個習俗。

第四項創舉是咖啡館催生了「廣告」。

當時的廣告雖然只是傳單的一種，但有難以計數的傳單在街頭到處發放。大部分的咖啡館都備有預防鼠疫的藥物以及募集探險隊的傳單，尼克森咖啡館甚至還提供赤面恐懼症特效藥的傳單。

第五項創舉是咖啡館不僅是小偷、扒手、詐欺師的溫床，也催生了俱樂部以及共濟會。

當時的知名俱樂部就屬英國華特・雷利爵士的「人魚俱樂部」(The Mermaid Club)、班・強森的阿波羅俱樂部、強納森・史威夫特與波普組建的斯威夫特斯克里布勒魯斯俱樂部（The Scriblerus Club），其他還有「肥胖俱樂部」或「骸骨俱樂部」這類各種偏屬休閒類的俱樂部。這些俱樂部的確是祕密結社的溫床，共濟會人聚集的咖啡館除了貝德福德咖啡館之外，粗估之下，也有兩百餘間。

由此可知，咖啡館的確是新聞學、株式會社、政黨、廣告、犯罪、俱樂部的溫床。經濟與文化不只有一個面向，也與政治、廣告有所關聯。

日本的茶湯與咖啡館有著類似的功能。

在此雖不打算詳述，但茶湯是以功能相似於咖啡的茶為媒介，在比咖啡館更小巧洗練的茶室之中，編輯政治、經濟與文化。德川政權之所以能維持三百年的安定，全拜源自桃山時期的「茶湯御政道」或是「大名茶湯」之賜。

尤其具有經濟文化特色的茶室、茶具更是有令人驚豔之處，那就是從村田珠光傳至千利休，再由古田織部、小堀遠州這些茶數寄名人（喜愛茶道的名人）發揚光大的「愛好」，這種興趣可說是一種特殊的「軟體感覺」。珠光或利休的「愛好」讓平凡無奇的井戶茶碗具有高額的交換價值，織部或遠州也是讓親自監製的「產品」得以流通的名人。此外，一如今日的千家十職（與茶道有關的各種職業），上述的編輯過程造就了許多與茶湯有關的職人集團。尤其自織部的時代之後，連房式登窯與大量生產方式也隨之問世。

將江戶時代中期的製造業視為日本近代經濟的基礎雖然不算是錯，但其實在此之前，利休與織部獨創的經濟文化也不容忽視。

咖啡館與茶湯都有讓經濟與文化融為一體的特徵。

而且經濟文化的型態則奠基於咖啡館與茶室，也就是俱樂部或沙龍這類精緻的空間。換言之，這類空間就是「孕育經濟文化的原型」。不管是咖啡館還是茶室，各地都出現了許多類似的空間，而這就是俱樂部原型所產生的力量，也是孕育原型的多元性。

這也是某種經濟文化的編輯模型。容我重申一次，我們的溝通過程就是編輯模型的交換。因此，我們更該注意的是，讓經濟與文化融為一體的各種編輯素養在咖啡館與茶室這類空間運作的這點。尤其咖啡館的「老闆」與茶湯的「亭主」更是不容忽視的存在，因為在這些老闆與亭主無與倫比的編輯素養之下，上述的「愛好」才得以發揚光大。剛剛忘記說的是，讓經濟與文化如麻花般彼此纏繞的介面正是所謂的「愛好」。

順帶一提，在這類空間之中，每位「客人」都能隨心所欲地進行「自我編輯」，比方說，咖啡館的客人可閱讀資訊刊物、傳單，也能享受與其他客人之間的對話。

至於茶湯又如何呢？相較於咖啡館，洗練度教人快要窒息的茶湯在掛軸、花卉、茶碗、料理都花了不少心思，而茶客則是以這些東西為談資，暢遊於茶道之間。這類對話在日本稱為「寄合的雜談」。

編輯素養在咖啡館、茶室這類休閒場所的會員之間，更是得以進一步發揮。閱讀塞繆爾・佩皮斯的日記、神屋宗湛的日記或是當時的各種小手冊與茶會記錄，就會發現這類休閒場所的會員不斷地交流著許多令人為之讚嘆的話題與企畫。

「經濟文化」就是其中一種。

我們的歷史具有上述的編輯模型。

在前一節介紹的商人也是投身編輯模型中的一員。他們在市場交換商品的同時，也創造了交換資訊與故事的場域。咖啡館與茶湯所形塑的是編輯經濟化的編輯模型，而報紙、政黨、株式會社、藝術、文藝都是從這種模型誕生。

可惜的是，如今的我們已經遺忘這些模型的有效性，此外，催生新型經濟文化的新原型也遍尋不著。如果希望多媒體或網路能夠催生新型經濟文化，我們就必須徹底想起過去的編輯模型。假設這些編輯模型是首頁或是虛擬商場，那麼應該就能催生個性鮮明的原型。

不過，歷史之中的經濟文化模型不是因為咖啡館或茶場的問世而斷絕。從咖啡館誕生的新聞學、政黨政治、株式會社雖然已經站穩腳步，但是這些事物都無法如實地描述經濟文化，而且讓經濟文化得以興盛的經濟文化模型也仍在摸索之中。

在此另外舉出兩個類似的例子。其一是百科全書與大眾媒體在歷經十八世紀的啟蒙主義與產業革命的時代之後出現的例子。

不管是哪個時代，都會編撰當代的百科全書，例如漢朝與羅馬帝國的百科全書就非常有名，尤其漢武帝下令編撰的百科全書更是令人驚豔。《淮南子》《史記》《七略》便是在如此時代背景之下誕生。

不管時代如何變遷，百科全書都具有資料庫的功能。一般認為，在亞歷山大大帝的意志之下，由卡利馬科斯負責編撰的《皮納克斯》是西方第一個圖書館目錄，而這個目錄就像是資料庫，也是亞歷山大港這個理想都市的主要程式。

不過，狄德羅與達朗貝爾編撰寫的百科全書，與前述的卡利馬科斯、古羅馬學者老普林尼、法國博物學家布豐所著的博物誌，又是性質迥異的資料庫。最明顯的差異在於狄德羅與達朗貝爾所著的百科全書以「機械」為主題，他們在說明「紗布」這個項目時，將重點放在「紗布製造機」的說明。換言之，他們寫的是「製造的原理」。這不僅是知識與機械首次連袂出擊，也讓許多人首次感受到「系統開始在歷史之中運作」。

百科全書是手冊誕生的象徵。在百科全書問世之前，雖然有園藝技術或料理技法這類手冊陸續出現，但百科全書讓這類手冊於各種領域普及，此外，也建立了關聯性。意思是，光是閱讀這些手冊，就能讓美味的料理以及美麗的花草陸續於眼前出現，而這一切也象徵著「資訊編輯」的全新潛力。

大眾媒體的出現應該不需多做說明才對。於上個時代的咖啡館誕生的新聞學在近代來臨之前，便加速整合至日報的水準。其中，輪轉式印刷的發明可說是厥功甚偉。日報為人們帶來的瑰寶正是於第二章開頭介紹的「資訊壓縮」。

過去的大眾（當然還只是一部分的人）能於百科全書的系列作品或是每天發行的日報，一眼掌握預告經濟文化整合的編輯模型。

在經過前近代的準備之後，經濟文化模型總算在近代登上頂點，那就是萬國博覽會與百貨公司的誕生。

萬國博覽會與百貨公司都是於一八五〇年代誕生，兩者都具有「讓全世界的事物齊聚一堂」的概念。

這代表資訊編輯的歷史站上了近代的某個頂點。所的資訊匯流一處，讓人得以即時參與盛況。倫敦萬國博覽會（一八五一年）、巴黎萬國博覽會（一八五五年）接連舉辦，巴黎的樂蓬馬歇百貨公司（一八五二年），紐約的梅西百貨公司（一八五八年）、柏林的威爾特海姆百貨公司（一八七〇年）也是於這個時期陸續開業。美聯社（一八四八年）與路透社（一八五一年）也幾乎在同一時期成立。無獨有偶，這也是夏爾・波特萊爾的《惡之華》（*Les Fleurs du mal*）刊印的季節。

若以一句話形容萬國博覽會，那就是國家與民族紛紛展示技能的嘉年華會。百貨公司則是近代社會盡展奢華的場域。前提是，這些技能或奢華只能「遠觀」而不可褻玩，也就是散落於全世界的資訊檔案即時地展示在眾人面前。

這就是以「展示欲望」的點子所建構的經濟文化模型。若問萬國博覽會結束之後還剩下什麼，恐怕只剩「將展示的欲望」納為己物的行為，因此，在萬國博覽會與百貨公司登場之後，整個時代便一舉進入充斥著欲望與消費的時代。

這就是大眾消費市場的開端。

就在這個時候，企圖吞噬全世界未知資訊與技能的資本主義也從旁推波助瀾，後續也一如預期，進入列強急於瓜分非洲與亞洲的帝國主義時代。

話說回來，於前近代與近代形成的兩個經濟文化模型暗示了今日社會摸索已久的方向。比方說，百科全書或萬國博覽會似乎與多媒體或資料庫的用途有著相似之處。日報與百貨公司則與網路或社群之中的虛擬商店有著異曲同工之妙。

不過，這有可能只是種貌合神離。在下個時代到來之際，我們或許得面對新型態的經濟文化，而且之前已發生過類似的事情。

在波灣戰爭爆發之際，日本的資訊資料庫與智庫幾乎沒有發揮任何作用，也因此被視為重大問題，因為當時完全沒有整理波灣戰爭的相關背景與情報。當時的外務省以及多處政府機關都前來諮詢新型資料庫的建構方式，急著改良現有的資料庫。

在看了現有的資料庫之後，我整個人啞然失聲，因為當時的資料庫結構與老舊的圖書分類無異，感覺就像是用來堆放資訊的層架，完全沒有「意義的立體性」可言。

所謂的資訊與知識是一種在錯綜複雜的立體網絡之中，建立相關性的超連結架構。一如第二章所述，「杯子」會與玻璃產品、日用品、圓筒形、餐具、透明物體、牙刷架、花瓶這些意義建立連結，然後放在前述的立體網絡之中。因此，若只是將「杯子是一種玻璃餐具」這種資料存進資料庫，可說是完全無法發揮作用。

有鑑於此，我覺得要建立大型知識資料庫還言之過早，但如果不做任何改善，又顯得太過可憐，於是我便打算盡一份力。

要想有所改變，就只能試著改變對經濟與文化的成見，升級綜觀世界的視點。

在編輯工學的世界裡，常常會在這種時候進行「尋找新的對角線」這項作業，也就是從一張紋路與圖案各自分布的紙找出對角線，再沿著這條對角線對摺這張紙的作業。讓中世紀的交換市場、咖啡館、茶湯這些歷史場面沿著對角線對摺，藉此試著與白紙的明日連結就是相同的嘗試。不過，只從歷史尋找靈感恐怕還是遠遠不夠。如今的我們應該想著要得到全新的方法論與價值觀。

在阪神大地震發生的時候，電腦通訊技術與志工成為討論的話題。就政府、兵庫縣與神戶市的資料庫以及預估而言，絕對不會爆發飲用水與白米不足的問題，但許多災民的確領不到飲用水與白米，甚至連寢具都無法送到災民手中。這類落差最終由電腦通訊技術以及志工消除。

當時的新聞提出，會發生這種問題，是因為當初設定的「線性數值」出現未及涵蓋之處。照理說，資訊是從粗大的線性管道流往非線性的細管才對。這也象徵著，新價值藏在「非線性現象」之中。此時需要的是能夠顛覆傳統視角，重新觀察世界的全新編輯靈感。

一直以來，我都有下列這種感想。

到目前為止，資訊技術系統都一味地追求所謂的「強悍」，追求更大型、容量更大、速度更快、區域更廣，這些都是資訊網路技術的常識與強悍。

話雖如此，波灣戰爭與阪神大地震卻讓我們知道「柔軟」與「示弱」的重要性。假設「柔軟」

與「示弱」真的如此重要，讓「資訊化」與「編輯化」融為一體的經濟文化技術，不更應該是以前述的「示弱」為基礎嗎？我們需要的不是著重於交換的線性模型，而是能進行更為廣泛、更不強調交換的非線性模型。這就是我的感想。

最近我都以易碎（fragile）或易碎性（fragility）說明這種「軟弱」的感覺。欲知詳情，請參考《易碎》（暫譯，原書名『フラジャイル　弱さからの出発』筑摩書房）這本書。若問「易碎」一詞告訴我們什麼，那就是「從起點重新思考軟弱」這件事。

所謂的「易碎」就是「容易壞掉」，一如許多包裹都會貼著「易碎品，小心輕放」這類標籤，在寄送容易毀損的雕刻品或是玻璃製品時，都會貼上這類標籤告知，換言之，正因為容易毀損，所以才要小心謹慎地運送。

我關注的重點是「因為容易毀損，所以才不容易破壞」這種不可思議的關係。

這不是對弱者的同情。雖然有些人認為這就是同情，但我認為，放下自己的強項，以弱項柔韌有力地面對別人，反而更能圓滑地交換資訊。若只是一味地逞一時之強，便無法得到真正的資訊，因為「逞強」只能讓資訊系統擁有強韌的「物理性」。

透過線性數值強化的資訊系統若能不斷地累積資訊，可得到如金字塔般的強韌。這種強韌沒有不好，但不需要連那些在資訊系統內部運作的軟體都強調所謂的「強悍」。

我們的大腦與精神（內心）都是非線性的，這裡面沒有什麼了不起的「邏輯」。邏輯不過是種自圓其說的武裝，而且偏好線性的結構。

話說回來，這種自圓其說的邏輯若真的符合邏輯，恐怕已無法編輯。換言之，就是已經畫下句點，沒有後續的意思。事到如今，我一點都不想將這種死硬的邏輯當成軟體使用，也不想用來溝通。

過去我曾認為編輯技術的思想不該依賴將重點放在「強悍」，也不該系統化，而是應該透過「示弱」的方式呈現，因為說到底，編輯是一種相互作用。所謂的相互作用就是與別人不斷地交換，而不是一味地誇耀自己擁有的東西。

這種相互作用是一種遊戲而不是競賽。

這種相互作用也是一種溝通，目的不在於斷絕往來。

所謂的編輯不追求勝利、結果與沒有半點矛盾，而是將糾葛、弱點與矛盾轉換成新的展望，為什麼我能這麼說？因為編輯是以「示弱」為起點，反其道而行的行為，而且所謂的「示弱」並非缺乏「強悍」。

這也告訴我們，即將到來的「自發性社會」或許已近在眼前，只是我們還沒找到方法而已。

II
編輯的出口

第四章

編輯的冒險

1 從符號到意義

我是在一九八〇年代前後，突然想到編輯工學（Editorial Engineering）這個詞。若問當時是什麼樣的時代，那是專業新聞媒體ＣＮＮ開始播放的時代，是Minitel這種透過電話線路存取的線上服務開始在巴黎進行商用實驗的時代，也是美國未來學家阿爾文．托夫勒（Alvin Toffler）發表《第三次浪潮》的時代。在當時，我有種時代將為之變貌的預感。

對哲學界來說，一九八〇年是法國哲學家吉爾．德勒茲（Gilles Deleuze）與心理學家皮埃爾—菲利克斯．伽塔利（Pierre-Félix Guattari）出版《千高原》（*Mille Plateaux*）的那一年，也是尼克拉斯．盧曼發表新社會學的一年，同時也是免疫學的智利生物學家梅圖拉納（Humberto Maturana）與瓦雷拉（Francisco Varela）各自對自生系統論提出展望的一年，同時也是西比奧克推出《福爾摩斯的符號學》這個新觀點的一年。美國作家瑪麗琳．弗格森（Marilyn Ferguson）以《寶瓶同謀》（*The Aquarian Conspiracy*）這個年輕人趨之若鶩又充滿新聞性的書名掀起「大腦革命」。而在前一年，美國學者侯世達的《哥德爾、艾舍爾、巴赫》與湯姆．沃爾夫的《真材實料》（*The Right Stuff*）、詹姆斯．洛夫洛克的《蓋婭，大地之母》（*Gaia hypothesis*）、中村雄二郎的《共通感覺論》也都於日本國內掀起話題。

簡單來說，當時的局勢正處於要往「外」（環境感覺）發展，還是要往「內」（生命感覺）發展的分歧點。

街頭播放著臉部特寫（Talking Heads）樂團與忌野清志郎的音樂，日本的電視因為漫才（類似相聲的傳統表演）風潮而大肆播放 Beat Takeshi，也報導了金屬球棒殺人事件與「耶穌的方舟」事件。於前一年發售的隨身聽也於這一年突然大賣。

當時我正擔任《遊》（工作舍）這本雜誌的總編，《遊》也進入第十年，所以我覺得「是時候該收攤，投身於新的研究了」。

因此我先整理了之前的短文，暗示了下一個方法。我將第一本短文集命名為《眼之劇場》，第二本則命名為「概念工事」。當時的我覺得唯有「概念」才是工程現場的對象。如果以現在的說法形容，就是概念工程（Concept Engineering）。儘管當時我還沒想到「編輯工學」這個詞彙，卻很想建立一套能重新編輯萬事萬物的方法。

一直以來，《遊》都是群體編輯的模式。我於一九七一年借了一百萬日圓創立的《遊》原本是以「遊學」為號召，而且是由我一手負責編輯，等到員工慢慢增加，一九八〇年十月切換成月刊模式之後，便將編輯總監與編輯設計的工作交給六位年輕人，以三組輪班的方式進行編輯作業。

這些是我於前一年四月開始，耗費整整一年舉辦的「遊塾」所創造的成果。之所以會想舉辦免費的「遊塾」，源自我所敬愛的稻垣足穗曾告訴我「如果只想做些什麼，就必須是無償的」，所以當我對這番話有所領悟之後，便著手舉辦「遊塾」這個免費的私塾。我透過《遊》這本雜誌募集遊塾生，並且透過文件審查的方式，從三百個人之中挑選了六十人，然後將這六十人分成兩班，分別於每週的星期四晚上以及星期日的下午上課（這兩班分別稱為「木遊塾」與「日遊塾」）。

若問遊塾都在做什麼，就是我一個人花一整年講授宇宙史、生物史、藝術史、戰後史、產業史、科學史，這算是一次非常漫長的課程。在信州舉辦的最後一課則試著與「存在學」連結。這時的課程成為日後編輯工學研究所的「向生命學習，開展歷史，嬉戲於文化」的前提，而且最後一課的「存在學」也在之後成為我的思想背景。

有幾位年輕人因為「遊塾」而參與《遊》的工作，三班輪替的制度也因此而生。最後，我便乘著這股慢慢擴張的有機動向，向國內外開放了編輯室。目前擔任編輯工學研究所負責人的澀谷恭子就是在那時候搭著私家車來到編輯室的北里大學醫學生。

總之，在經過上述的一番努力之後，外界總算得以見識長年緊緊黏在我的雙手雙腳的「編輯作業」。這成為我的一大契機，也讓我看清許多事。

興辦一本雜誌十年，難免會覺得疲勞。當我將《遊》交給三個編輯團隊，站在稍微有點距離的位置觀察，便清楚地感受到，我的喉嚨乾得發不出聲音。

當我回顧一切，我才知道，原來我的目標是「嘗試不同的方法」而不是「提出內容」。不斷鼓舞我這些事的是創刊以來，總是無償幫忙設計的杉浦康平。其實當這位杉浦先生不再負責《遊》的設計時，我覺得心裡的某個部分好像變質了。儘管如此，當時的我卻沉溺在提示內容的惰性之中，還以為這樣很充實。

終究，讓《遊》停刊，離開發行的工作舍的日子還是來到。由於是自己想要離開一手創建的組織與雜誌，所以大家都嚇得說不出話，不過在幾經說服之後，我請想留在工作舍的人留下來，與四個人另外創辦了松岡正剛事務所。這間事務所之所以會是這個名字，純粹是我想宣示「回歸個人」。那是一九八三年十月的事。雖然很多人都跟我說「離開工作舍實在太可惜了」，唯獨舞蹈家土方巽跟我說：「中斷？做得很好啊，中斷也是需要勇氣的。讓我為了這次的中斷高呼三聲萬歲吧！」

我搬到麻布之後，便把自家當成工作室，與一貓一狗同住。除了著手負責日本美術文化全集*Art Japanesque*的編輯工作，以及與磯崎新一同負責的專案之外，幾乎不接案子，全心全意構思「方法的冒險」這個主題。就在這個時候，一切的迷惘如雲霧吹散，我也確定「我想要的是編輯工學」。

這股堅信似乎來自三個動向。在此想稍微說明一下當時的思考動向。

首先要說明的是在法國哲學界流行，日後於美國文學理論開花結果的解構主義（déconstruction），以及法國哲學家讓—弗朗索瓦・李歐塔那（Jean-François Lyotard）繼「知識分子的終焉」宣言之後的「知識重組」的動向。

至於這些動向為什麼會成為我的編輯工學的出發點呢？一如李歐塔希望真正的知識分子了解解構主義的任務就是「轉移」，但我認為所謂的「轉移」該改稱為「編輯」。李歐塔曾說：「前述的轉移明明就是知識分子之所以是知識分子的原因，也是知識分子唯一得以自豪的思考方式，但二十世紀卻缺乏這種普遍性的思考」。的確，李歐塔說得一點也沒錯，但透過這種「轉移」得到普遍性思考的方法，其實就是所謂的「編輯」。

在《遊》停刊的一九八三年，日本也出現了一波新的浪潮。淺田彰的《構造與力》以及中澤新一的《西藏的莫札特》在這一年陸續刊行，新學院派（New Acadenism）也揭開序幕，但當時的我覺得，這些新動向應該視為「編輯的出現」（重組的宣言）才對。

第二個動向是自生系統論出現新方向。

關於自生系統論的方向，我曾在《游》連載英國天才發育生物學家康拉德・沃丁頓的翻譯文章，從企畫美國天體物理學家埃里克・詹奇（Erich Jantsch）的小特集的時候，就很注意自生系統論的方向。詹奇是在日後發表了《自組織的宇宙觀》這本大作，以及曾擔任麻省理工學院（MIT）、羅馬俱樂部創始成員的新聞記者。

所謂的自生系統論就是探討宛如生物的「資訊系統」如何產生動態秩序的理論。生物在形成組織之際，必須整合複製的生物資訊，但在這個過程中，是透過「自行調整資訊的功能」進行整合的，所以生物才能透過所謂的「不規則性」自行建立組織。

在這種理論出現之前，科學非常重視所謂的因果關係與元素分類，但在這種理論出現之後，便宣告了「重視過程的科學」有可能實現。在系統的元素不斷的積累，系統就不再是靜態的，而是讓不斷變動的資訊彼此建立相關性的「動態處理複合體」。

我對這種理論深有同感，因為這種理論重視的是「科學的過程」，而不是「科學的結果」，重視的是「自我調整力」、「自生相關性」、「自發觸媒性」與「自我參照性」這類優異的編輯特性。尤其梅圖拉納與瓦雷拉提出的「自生系統論」更是讓我心有戚戚焉，因為自生系統論簡直就是「自我編輯性」的孿生兄弟。

第三個動向是美國科學家馬文・明斯基（Marvin Minsky）或是英國心理學家約翰遜—萊爾德（Philip Nicholas Johnson-Laird）的認知科學以及人工智能的研究，都讓當時的我得到良好的刺激（只是現在已稱不上是良好的刺激了）。

在MIT一手牽引「意義的科學」前進的明斯基在很久之前，就已經提出「框架理論」的假說。之前在第二章為了說明「預設」的意義時，就已經稍微介紹過。簡單來說，這個假設主張我們的大腦（內心）都植入了所謂的「框架」，也是透過這個框架認識自我，只有這種自我表述性能夠成為代表自我的模型，我們才能夠思考。的確，比起笛卡兒的「我思，故我在」，這是更加創新的見解。《心的社會》（青土社）已整理了這項假說的梗概，有興趣的讀者不妨一讀。

另一方面，在普林斯頓大學高等研究所以及史丹佛大學服務的約翰遜萊德在當時打算利用電腦建立與推論、語言理解、意識有關的認知科學。他一邊引用圖靈機的成果與英國心理學家大衛・馬爾（David Marr）的認知理論，一邊將他最擅長的「心理模型」塞進電腦。若問我因此受到了什麼啟發，那就是人類是透過心裡的「作業模型」了解世界，以及認知科學家為了了解人類的內心世界，必須準備一套「建立上述作業模型的作業模型」。

若以一句話形容明斯基或約翰遜—萊爾德的理論，或許就是「我們的大腦（內心）有一個用來說明眼前的現象，以及與這些現象具有相似關係構造的內心替代物」。

我覺得這種理論很不錯，因為我們會以自己習慣的方式進行資訊壓縮，這也意味著我們擁有「名為自我的資訊模型」。

不過，光憑這個理論是無法發現「充滿編輯性的自我」，因為正確來說，我們擁有的不是「名為自我的資訊模型」，而是「名為自我的編輯模型」。我在受到認知科學與人工智慧的影響之後，開始探討全新的編輯工學。

在一九八〇年至一九八三年這段期間，編輯工學在接受時代的洗禮之下，緩緩地踏出第一步。由於不需要向誰負責，也沒有所謂的截止日期，之後更不會因為這件事而得到工作，所以我非常享受這個編輯工學逐漸成形的過程。

我有時會試著改造夏普的文書處理器「書院」，或是試著拆解遊塾生的電通公司的Ｉ君帶來的蘋果II或莉莎（Lisa），儘管這兩台電腦還不成熟，卻足以令人為之驚豔，有時候也會涉獵時間學、語言學以及機率論，總之就是盡情地嬉遊。

就在我盡情地遊玩之際，我想到了許多想要訂正以及重組的事情。儘管當時最想訂正的是電腦科學與溝通理論的世界，但那時的時機尚未成熟，只能先暫時放下。正當我決定這麼做之後，某天出版社問我「能不能幫忙寫點什麼」，那時我剛好對司馬遼太郎的《空海的風景》有些不滿，所以當下便回應「那就寫點有關空海的事」，我將寫作的重點放在空海的編輯技術之餘，也寫了一小部分的個人觀點，最後的成品就是《空海之夢》（春秋社）這本書。

空海的編輯力源自對南都六宗的批評以及對唐語的關注。於年輕時期最初迸發的編輯力，最終濃縮為《三教指歸》（聾瞽指歸）這部思想劇，整部戲的內容就是以儒教自詡的龜毛先生與深諳道教與老莊思想的虛亡隱士彼此為敵，佛教青年的假名乞兒不斷拋出值得辯論的議題。這部劇的序寫著「只是傾注滿腔的憤怒與不耐煩」。

儘管這部戲是空海年輕時期的作品，但是《三教指歸》這本書已蘊藏了驚人的知識量。除了大量引用《文選》、法琳的《辯正論》、《藝文類聚》的內容（說是引用，其實這些引用皆巧妙地植入空海的四六駢儷體之中），還穿插了沈約與張文成的知識內容，讓讀者不得不為之低聲讚嘆。尤其對後漢鄭玄的仰慕之情更是躍然紙上，我也確定空海心無旁騖地，從鄭玄的訓詁學汲取編輯力。

就在了解這個「鄭玄傳承至空海」的編輯技術的過程之中，我讀到了有助於編輯工學發展的內容。

基於種種因素，我是以「資訊編輯系統的密教」撰寫《空海之夢》這本書。

這本書的其中一章 Mandala Holonix 指出，密教的資訊是於金胎兩部（金剛界、胎藏界）的曼陀羅之中合攏（holonic），但我卻覺得這種論調有其極限。假設密教知識的結構真的如此，那麼這種方法恐怕無法讓資訊普及。

簡單來說，全子系統（holonic system）就是「整體即時投影至每個部分的系統」。如果以當時的情況而言，這個想法是源自英國作家阿瑟．庫斯勒(Arthur Koestler)從《全子革命》(*Janus*)(我曾於工作舍翻譯發行此書)，也與大腦生理學的卡爾．普利貝拉姆（Karl H. Pribram）或是生物物理學的清水博的主張共通。也就是生命體的任何一個部分都「感受到整體的存在」，所以不管是哪個部分，都是根據整體的動態秩序交換資訊。

不過，這無法斷言自然的生命資訊與人造的密教知識結構一樣，都屬於全子系統，因為「活生生的資訊」一定更複雜，一定更容易「出錯」與「彷徨」。

我花了幾個月撰寫《空海之夢》之後，得出上述的結論。正因為空海的密嚴淨土系統追求完美，所以才讓我有上述的感想。

於是我當時便打算啟動編輯工學的相關事宜。至於做了哪些準備，將於下一節介紹。我也從個人的練習從頭做起。

不論如何，「編輯工學」一定是當時的時代需求，也需要有人挺身而出，編輯那猶如群魔亂舞的各種視點。不管由誰來看，當時就是那樣的時代。雖然柏林圍牆還沒倒塌，但所謂的「知」已遍體鱗傷。關於這點，美國加州大學教授馬克・波斯特（Mark Poster）在《資訊樣式論》（暫譯，原書名 *The Mode of Information*）書中，將法國哲學家尚・布希亞（Jean Baudrillard）與電視廣告，法國哲學家傅柯（Michel Foucault）與資料庫，雅克・德希達（Jaques Derrida）與電子的三態，李歐塔與電腦科學放在一起比較，同時試著定義時代的轉位。

這雖然是讓人如夢初醒的比較，其實為時已晚，因為一九八三年，已經有學生駭客盜取國防省的機密資料，隔年也有三十二位元的 MAC 上市，威廉・吉布森（William Ford Gibson）讓網路空間（cyber space）在《神經喚術士》（*Neuromancer*）一書震撼登場。我與美國計算機工程師比爾・艾金森（Bill Atkinson）確認之後，才知道 HyperCard 這套超媒體系統也是於這一年開始構思。

我覺得應該暫時與現代思想保持距離。

不管是一個概念，還是兩個彼此對立的概念，時代都變得無法採取行動，而且正考驗著每個人的「編輯力」。

2 編輯工學的夢想

小孩通常是伴隨著繪本長大的。如果母親念給小孩聽的繪本只有一、兩本的話，應該沒什麼效果。不過，就在我問了許多人之後，才發現很少人記得小時候媽媽幫忙念的繪本。

以我而言，我記憶中的第一本繪本是《木馬的故事》。這是一本講述木馬飛上天空的繪本，而我印象中的第一個童話故事書則是《栗子的功勞》（暫譯），這兩本書我自己都讀了很多遍，甚至還替《栗子的功勞》這本書的每個漢字標上假名。

之後我也讀完講談社或偕成社的少年少女名作全集，比方說《巖窟王》、《啊，無情》這些名作。等到我幾乎能背誦這些名著之後，便自我升級，開始閱讀岩波文庫的《基度山恩仇記》或《悲慘世界》。令我驚訝的是如此長篇大論的書居然能放進短篇名作文庫。

明明維克多．雨果所著的《悲慘世界》在岩波文庫之中多達七本，怎麼有辦法濃縮成區區數十頁的繪本呢？想必其中發生了「資訊壓縮」的現象。那麼，《悲慘世界》又是怎麼濃縮成兩個小時的舞台劇與音樂劇呢？想必是因為「編輯可能性」在其中運作的關係。

不過，只要仔細想想，就會覺得這件事真的很不可思議。《悲慘世界》轉換成繪本或是《啊，無情》的音樂劇這點，意味著不管內容為何，都能轉換成各種媒體，不僅如此，還能轉換成日文版本、兒童版本或是向原著致敬的惡搞版本。

這一切是「文化」的本質，也是文化的共用性與共通性。於古代產生的神話故事在一而再、再而三的編輯之後，成為舞蹈、舞台劇、文學作品，或是成為改編故事，最後甚至成為音樂劇或是劇畫，這一切真是令人難以想像。難道我們不能將文化視為跨媒體編輯內容的作業嗎？

是的，文化就是編輯。

沒錯，這想法是對的。本書之所以在開頭引用梅棹忠夫的名言，正是因為如此。

那麼在《悲慘世界》轉型為繪本、音樂劇、劇畫的過程中，又「留存」了什麼呢？答案就是，有一些明顯的共通性（相似性）被保留下來。

若進一步來看，到底腓尼基文化與希臘文化、倫巴底文化與希臘風格、中國京劇與日本歌舞伎，英國搖滾樂與日本搖滾樂、賓士與TOYOTA之間，「留存」了什麼，兩者之間又有什麼關係呢？

我以自行創造的編輯現實感（editoreality）這個詞彙，稱呼這種「留存」或是維持「關係」的主體。

在兩者之間流動的既非真實，也非現實。如果是現實的話，那麼《悲慘世界》應該無法轉換成劇畫或是惡搞版作品。儘管如此，我們仍將手塚治蟲的《罪與罰》以及埴谷雄高的《死靈》視為致敬杜斯妥也夫斯基的作品，也在閱讀《聖經》的約伯記、歌德的《浮士德》以及德國作家湯瑪斯・曼的主題之際，認為三者之間有所謂的「相關性」。這並非真實，而是編輯過的真實，也就是前述的「編輯現實感」。

不管如何傳播與流通，欠缺的永遠都是「編輯現實感」。

文化得以在編輯之後傳播，全拜這個「編輯現實感」的共用關係保存功能。若問「編輯現實感」在其中扮演什麼角色，我們又該如何看待它，將於下一章說明（順帶一提，在一九七〇年代即將落幕之際，我將編輯現實感稱為「相似律」）。

下一個問題是，是不是只有「原作之中的文化」才是編輯的對象，也就是所謂的「編輯現實感」是否僅限於「原作」。接下來想要討論這個問題。

不管是誰都擁有編輯的能力，而且每天都在編輯。一如第二章所述，每個人都能透過資訊壓縮（摘要）快速整理「昨天一整天發生的事」。

不過，其中有一個偌大的謎團，那就是自己很難了解上述的編輯過程。

要想知道《悲慘世界》如何轉換成音樂劇或是漫畫，可拿著原作逐一比較，劇作家或是劇場導演就是這類資訊編輯的專家。不過，我們在回想昨天一整天發生的事情時，無法了解哪個部分出現了資訊壓縮的現象，也無法了解資訊壓縮的過程。總之就是難以察覺，而且也難以存取。就算自以為成功存取，一旦經過存取，又會是別的內容。

那麼我們能透過訓練了解這種在大腦之中進行的自發性編輯流程嗎？這是我在正式研究編輯工學之際遇到的第一個難題。

光是研讀語言學、符號論、精神醫學或是認知科學的研究成果無法突破這個難關。比方說，精神醫學是醫生研究人類思考流程的學問，而就這層意義而言，精神醫學是很了不起的編輯工作，乍看之下，似乎是編輯工學的一大借鏡，我與好幾位精神醫生合作之後，也從他們的工作得到不少提示。一九八一年，法國年輕精神科醫師伽塔利造訪我的事務所，也給了我不少靈感。法國作家阿蘭．朱弗羅說了句「應該是與正剛聊得來的男人」，就把他帶過來了。

雖然伽塔利的故事很有趣，但是精神醫學給我的提示，僅止於根據既有的處方箋進行分析，能有多少效果的程度，其中免不了被「確定症狀」這種以目的為主的框架干擾。

因此我除了參考好幾位精闢的觀察，不再依賴學問或思想的成果，決定自行摸索屬於自己的方法。

若問，當時是從哪裡著手研究屬於自己的編輯工學，答案是讓自己進行奇妙的訓練。

那是能讓自己即時觀察在大腦之中運作的編輯流程的訓練。也就是在思緒不斷流動之際，同時觀察編輯流程的訓練。簡單來說，就是觀察「注意力」移轉的訓練。

我記得這項訓練非常辛苦，因為一旦窺探自己的思緒，就會立刻發生焦點化與強調化的現象，也就無法隨心所欲地觀察最無拘無束的想法。

在此想請大家試著練習看看。

請先放下本書，讓自己放空一分鐘。試著觀察於腦海浮現的事物。這就是資訊碎片的本體，也是於我們大腦頻繁進出的資訊，卻也是這些資訊的滄海一粟。我們要做的是盡可能觀察這為數不多的資訊，我想，我們很難避免將焦點放在這些於腦海浮現的事物，就算急著從這些事物移開焦點，一定又會有其他事物立即浮現。就算試著將焦點從這些資訊碎片移開，又會不自覺地思考下一個浮現腦海的事物，然後不斷重複這一連串的過程。

這項訓練我大概持續了半年之久。

最麻煩的是，當我試著追蹤自己的想法，「自發性編輯流程」就會消失，進而變成刻意的追蹤（就像是某種精神醫學），資訊也不再沿著我的大腦網路進出。到底該怎麼做，才能在資訊持續流動之下，觀察自己的想法呢？

重點在於讓自己徹底放鬆，讓自己進入易碎的自由編輯狀態。假設發現自己正在思考就已經太遲了。我們能做的只有打開五感。話說如此，也不能完全放空，絕不能讓自己進入冥想的狀態。更重要的是，不要注意語言的標籤，不要出現語言的連鎖反應，而是隨著想法前進。這部分聽起來簡單，但要能隨時進入這種「自由編輯狀態的網路分歧點」，恐怕得練習二至三個月，而且，這還只是訓練的一半而已。

大概是練習了四個多月之後吧，我只需要五至六分鐘就能進入上述的網路分歧點，也總算有點自信。因此我決定外出，在街上進行相同的練習。

我的用意是一邊在街上散步，一邊透過眼睛與耳朵接收事物，觀察（窺探）大腦的自由編輯狀態，以及經過一個個「網路分歧點」的過程。因為走在街上，就很難摒除來自外部的刺激。

比方說，走進商店街，看到一堆招牌之後，我們的大腦會不自覺地閱讀招牌上的照片或是文字，也會快速掃描一下後面的店鋪或是招牌，眼球的速度有多快，這個步驟就會越快重複，而且我們也會因為步行速度的快慢，接收到不同的刺激。也就是要在這時候觀察大腦的「自由編輯狀態」。如此一來，當我們看到招牌上的照片，比方說是宮澤理惠的照片，關於宮澤理惠的知識與印象就會一閃而過，接著又立刻浮現另一個想法，一切就像是慢動作播放地重複。有時不一定會是宮澤理惠的完整模樣，而是從宮澤理惠的紅唇往其他方向聯想。

持續練習二至三分鐘之後，先讓「自由編輯狀態」停止運作，然後迅速地回溯剛剛的經過，也就是自己給自己回饋。雖然這個環節也需要訓練，但祕訣在於熟悉「資訊的細微變化」。

假設在散步的時候，聽到遠方傳來的救護車警笛聲。此時我們的腦海會浮現「啊，是救護車的聲音」這個影像，但這個影像不會一直存在，不到一秒就會換成其他事物。那麼會換成什麼呢？這就是我們要追蹤的部分。哪怕只是極其細微的事物，「焦點」也會不斷地移動才對。

這個方法的玄妙之處在於「在街上散步」這點。假設只是坐在桌子前面練習，就顯得太過靜態。重點在於讓自己處在不會想太多的狀態。這點我已經做得很好。

另外還有一個嘗試。那就是在與工作人員或來賓聊天時，追蹤自己的思緒。這雖然不會太難，但光是持續七至八分鐘，資訊量就會呈幾何級數膨脹，一旦過了三十分鐘左右，於大腦之中不斷分歧的網路就像是超媒體一般的怪物，巨大到無以復加。這感覺就像是資訊在一面面互相映照的鏡子增幅，也像是降落傘不斷地在同一個地方張開一樣，同時間我們要觀察這個景象，還要與工作人員或來賓聊天。

我把這種在後方擴散之餘，又不斷前進的光景稱為「編輯的景深」，有點像是在打橄欖球的時候，一邊將球傳給後方，整個隊伍卻一邊前進的感覺。

話說回來，這個「編輯的景深」絕不是亂七八糟的東西，反而是有條有理的東西，建議大家想像成當下有台錄音機正在錄音，等到錄音完畢，開始播放之後，錄音的內容便陸續於腦海浮現。不過，為了完成訓練，請務必一邊說話，一邊進行這項嘗試。

有機會的話，希望大家試試看。

可在五、六個人一起開會的時候嘗試。

由於是不斷追蹤每個人的發言所觸發的事物，所以絕對不能使用筆記本或是筆記型電腦。筆記本與鍵盤實在不合時宜。

不過，毫無章法地練習，恐怕效果不彰，所以可先拍下開會的過程，然後一邊瀏覽影片，一邊追蹤每個人的發言，再同時回憶在腦海浮現的事物。如此一來，就能大概知道在哪個時候出現了哪些事物，以及哪些事物被編輯，之後再進行實戰訓練，也就是直接在開會的時候進行練習。

這不是像聖德太子的訓練，而是隨著每個人的發言漂流的練習，很像是網路衝浪的感覺。祕訣在於讓自己進入可置換的狀態。

此外，如果在自己發言的時候，希望彰顯或凸顯某個事物，訓練就會中斷。最好是像在玩遊戲的時候一樣，自然地發言與交流。過於在意自己的發言，會將別人的發言堵在大腦之外，也會害自己堵住。如果還是無法順利地進行練習，不妨一邊在筆記本寫下備註或是畫圖，一邊進行練習。寫字太慢，畫圖才趕得上練習，但不知道該怎麼畫圖就不要畫，因為最好能事先練習畫圖。如果實在沒自信，也可以試著使用 KAMAS、ThinkTank、Framework 這類大綱製作軟體。如果比較習慣使用 M A C 電腦，則可以使用 ACTA7 這套軟體，但建議先熟悉這些軟體操作再使用。

長期訓練之後，便能想思考就思考，想辯論就辯論，想聊天就聊天，能享受一整天維持數小時「自由編輯狀態」的快感。

更重要的是，能接受他人，也不會執著於資訊的「圖」，還能看清編輯是一種自他並列（自己與他人同等重要）的行為，更會明白不需要刻意「思考」這件事。與交心的朋友聊天時，大部分的人都會隱約察覺到這點。與志趣相投的朋友見面時，不需要「思考」每件事情。與好朋友打電話聊天就是最佳的範例。為什麼會變成這樣呢？那是因為再熟悉不過的編輯模型正掌控著整個局面。

話說回來，刻意聊天這件事，會讓聊天之外的內容全部被靜音，所以才有必要先排除這點，而這就是所謂的「自他並列的編輯工學」。

一旦達到這個境界，就會發現在編輯進行的過程中，潛藏著許多動向。

當我們盯著某個東西看，大腦裡面的「滑鼠游標」會與不斷的對象交換訊息。此外，《悲慘世界》之所以能濃縮成數十頁的繪本或是轉化為音樂劇，也都是「編輯」所致，這也意味著內容（資訊內容）總是會在不同的媒體之間轉載。

這雖然是我一再強調的事情，但資訊總是隨時會「轉乘」、「換裝」、「換持」，也就是資訊的載體隨時都會改變，也會換上不同花紋的衣服（套裝），還會拿著各種物品（包包）。在我練習半年到一年之後，我本身的「自由編輯狀態」便能跟上資訊在「轉乘」、「換裝」、「換持」上的靈活度。

自此，我的準備大致就緒。

因此，我在一九八七年秋天，將負責人一職交給澀谷恭子，創建了編輯工學研究所暨企畫研究開發集團。雖然所員只有高橋秀元等三人，但沒過多久，當時在一橋大學服務的金子郁容以及法政大學的田中優子便提出「想一起工作」的想法，研究所的陣容也瞬間變得堅強。我也請來下河邊淳先生與今井賢一先生從旁協助。

之所以想創建研究所，是因為ＮＴＴ為了紀念電話發明一百年，拜託我將資訊文化技術的歷史整理成《資訊的歷史》這份刊物，也是準備進入多媒體時代的契機（《資訊的歷史》花了三年編輯之後，於一九九〇年由ＮＴＴ出版）。

編輯工學研究所的第一份工作是整理資訊技術的數千年歷史，讓我覺得非常幸運，因為我在前面提過，這個研究所是以「向生命學習」、「開展歷史」、「嬉戲於文化」為口號。

第一個口號的「向生命學習」就如第二章「大腦這種編輯裝置」所述，編輯源自生命資訊的發現，而了解大腦這種編輯裝置，讓我們知道自己有編輯的能力，所以，與其說這些事情是工作，不如說是我平常就很開心地學習這些事情。

第二個口號的「開展歷史」則與字面解釋相同，就是讓編輯工學與歷史事件或方法連結。本書也有許多與歷史相關的內容，所以各位讀者應該不難了解這個口號才對。

第三個口號的「嬉戲於文化」雖然不屬於本書的範疇，但簡單來說，就是研究所的員工如何遊玩而已。尤其重視派對、遊戲、看舞台劇、看比賽，以及與各界名人、專家的相遇。撞球的名人、蘭花栽植的專家、長唄（三味線音樂的一種）的名人，茶數寄專家（茶道愛好家）都有「嬉戲即文化」的一面，而研究所的員工都有機會向他們請益。

接下來的章節，要分幾個階段整理我在當時確認過的事情。其中介紹的內容算是編輯工學的基礎知識，同時也會介紹許多項目表。

編輯有各種遠景，也有所謂的多元性，沒有一種方法可單獨稱為編輯。

首先要請大家了解這件事。演繹與歸納雖然也是編輯的一種，但編輯的方向卻不一樣。此外，「摘要」、「諷刺畫」、「比擬」都是概括的方法，但是手法卻完全不同，一如辭典與年表是以截然不同的方式編撰而成，英日辭典與中日辭典的編撰方式也完全不同，還請大家千萬不要混為一談。

這類編集方式的差異很早就已經為人所知，例如古希臘就明確地區分模仿（mimesis）、類推

（analogia）、戲謔（parodia）這三種編輯方式。

「編輯工學」也沿用了這類歷史的大分類，或是多媒體時代細分的方法分類。下一節將稍微介紹一些專業的內幕。

在此之前，編輯工學研究所有替編輯素材進行大致分類的初階主碼，在此為大家介紹。這些可說是「與編輯背景相關的領域」。將下列的主碼視為編輯工學研究所的工作範疇也無妨：

源自身體的東西（character）
　喜怒哀樂、疼痛、快樂、憂鬱、存在感、生死觀、身體障礙
源自喜好的東西（disposition）
　遊戲的世界、興趣、才藝、愛好者的每一天、工藝、沉迷
來自直覺或啟發的東西（vision）
　宗教的世界、遠景、第六感、夢、環球的
透過學習累積的東西（lea）
　行動的磨練、知識的累積、經驗科學、電腦操作
精心製作之物（elaboration）

藝術、美術、音樂、文藝、文章、舞蹈、電影、劇畫

適用於遊戲的東西（metagame）

競技型遊戲、鬥爭、體育、電動、投資活動、宣傳活動

潛藏於圖像的東西（iconography）

文字、花紋、圖解、寓意的世界、繪圖、世界圖、圖騰

透過故事傳承之物（narrativity）

神話、傳說、民間故事、話本、口傳文藝、傳誦的時間與空間、插繪世界

屬於元史學的東西（metahistory）

戰爭、政治現象、社會動向、事件、媒體操作世界

符合合理性與重現性的東西

科學體系、醫療步驟、健康幻想、機械主義的世界觀

屬於日常的東西（life）

閒聊、禮儀、仁義、嫉妒、戀愛、憎惡、家庭觀、朋友關係

源自上述這些「資訊舞台」的資訊、知識、影像與語言都是編輯的對象。雖然範圍相當廣泛，但只要仔細觀察就會發現，每個人都過著從不同角度觀察這些「資訊舞台」的日常生活。

3 編輯技術母體

我們每個人都是影像處理器，總不知不覺地處理著來自外部的資訊。這就是所謂的資訊處理，但這些處理到底是如何進行的呢？

最常見的情況就是先有來自外界的輸入與刺激，接著呼叫與搜尋已經輸入完畢的資訊，然後進行模式比對，找出對應的資訊。這是於電腦科學與認知科學通用的處理方法。

不過，我向來認為「編輯」會於模式比對的步驟之後啟動。雖然在模式比對之前的步驟，電腦也能順利完成，但後續的步驟才是關鍵。其實我不是很喜歡「資訊處理」這個說法，我認為應該改成「資訊編輯」才適當。我們每個人都是影像編輯處理器，也是影像處理編輯器。

假設眼前有一台摩托車。當我們知道眼前這台交通工具是摩托車之後，腦中會浮現各種聯想與認知，這時候我們到底經過了哪些編輯流程呢？

比方說，我們聽到「經濟」這個字眼，或是想成眼前有個討論經濟的場合也可以，而你是這個場合的主持人（moderator）。討論的流程肯定是一開始，有某個人先就「經濟」這個主題發言，接著換下一位發言，然後再換下一位，每個人都表述自己的意見與感想。此時主持人應該期待什麼樣的編輯流程呢？

在編輯工學的世界裡，會出現下列的思考流程：

第一步會先想到「眼前這台交通工具既非香蕉，也不是飛機，就是一台貨真價實的摩托車」，接著會自動根據這個差異進行比較（比方說，這台摩托車是川崎還是本田生產的），然後正在比較上述差異的當事人會自然而然設定所謂的資訊範圍（比方說，美國知名電影導演肯尼斯・安格的摩托車電影或是在《阿拉伯的勞倫斯》這部電影之中，害死主角的摩托車）。

最後，與摩托車有關的「意義單位的網路」會慢慢地在這個資訊範圍任意擴張，但這個網路不會持續擴張下去。在這個網路之中，會突然出現吸引你的注意力的對稱軸，例如「是四輪還是七百五十ＣＣ的雙輪重機」這種對稱軸，接著，又會有「一般來說，汽車公司都是……」或是「之前這台摩托車發生過事故」這類比或是暗示進入這個對稱軸，新的文脈如同雨傘般張開。到了這個地步之後，進行前述比較的當事者已經成為旁白者……

另一方面，負責主持經濟討論進程的主持人則會一邊觀察當下的發言有哪些特徵，一邊替這些發言找出脈絡，如此一來，會先假設結論也是理所當然的事，但這麼一來，就無法進行「場域的編輯」。就算一開始有人提出結論，但身為主持人的你，應該將這個結論當成開場白。我特別重視這種「場域的編輯」。

所謂的編輯流程，就是時間、環境與意識同步前進的過程，這也是「編輯」與「設計」之間的決定性差異。

眾所周知，設計必須決定空間的配置方式，否則無法結束作業，因此，設計的本質是圖形配置（configuration），反觀編輯是開鑿管路的過程（Canalization）。換句話說，設計追求的是「結束」，編輯卻是將重點放在「順勢而為」。

因此，編輯會根據隨著時間變化的環境條件以及意識的深化進行，讓所有內容的相關性產生變化，而這也是編輯的奧妙之處。簡單來說，編輯就是發現相關性的過程。在既定的配置之下對話，不能稱為編輯，只是一種交流與妥協而已。

基本上，這種編輯流程分成八個階段，而這八個階段會互相影響或重疊，但原則不太會改變。

a 區分（distinction）：資訊單位的產生

b 相互指示（indication）：資訊的比較與檢討

c 產生方向（direction）：資訊的自他數列化
d 擺出態勢（posture）：呼叫解釋過程
e 推測（conjecture）：意義單位的網路化
f 適當與妥當（relevance）：發現編輯的對稱性
g 取得共識（metaphor）：對稱性的動搖與獲得新文脈
h 強化旁白者的存在感（evocation）：自我編輯性的啟動

第一個的 a「資訊單位的產生」是指當下或是當事人注意的對象為「摩托車」或是「經濟」。其次的 b「資訊的比較與檢討」則是釐清摩托車或是經濟與什麼東西進行對比，比方說，相較於四輪汽車，摩托車的問題是什麼，或是摩托車比較容易造成噪音、交通意外這類社會問題嗎？抑或，摩托車是最近的流行嗎？如此一來，就包含與時尚、音樂、技術的趨勢進行比較，所以 b 的「資訊的比較與檢討」指的就是編輯這部分的階段。

接下來的 c「資訊的自他數列化」則是非常重要的步驟，代表的是當事人採取何種編輯方向。不管是誰，都無法一眼看盡布滿夜空的星星，也無法得知所有的風向，所以這個步驟就是「定向」，只有先定向，才能進行下個階段，也就是 d 階段的「擺出態勢」。

f「發現編輯的對稱性」則是在前半段透過編輯建立的「意義單位的網路」之中發現對稱性的階段。這裡的網路並非預先建立的網路，而是編輯流程在這個階段新建立的熱騰騰的網路，而我們就是要在這個網路尋找「意義的對角線」。雖然在前一章已經稍微說明過，對角線就是幾何學裡的輔助線，而這個階段也等於是找出「對折線」。所以找出對角線與b「資訊的比較與檢討」是完全不一樣的步驟。

不過，即使經過了上述的階段，編輯也還沒結束。當資訊地圖因為上述的對角線而更加突出之後，必須利用各種暗示與類比這類雜訊，讓資訊地圖往上下左右搖晃，而這就是g「取得共識」。

到了這個步驟之後，新的傳誦者才總算得以從編輯流程誕生，其中蘊藏著各種意外性，而這也稱為「自我編輯性」的啟動。

這一節想要介紹幾個這種編輯工學的機制（母體）。

到目前為止，編輯工學開發了許多主視野與主程式，但我想從中挑出比較淺顯易懂的幾個。或許各位會覺得這部分有點生硬，但反而會因為有操作手冊而覺得方便才對。

一開始，要先帶著大家了解幾個屬於編輯工學的「作業假說」。所謂的「作業假說」就是從「步驟」尋找編輯的線索，而不是從「內容」尋找。只要能融合本書到目前為止的說明，應該就能大致了解什麼是作業假說，這也是編輯工學的「方法指南」：

①串起記憶、思考、播放、記錄這些方法，讓溝通變得更順暢，同時構思系統。

②找出於各種現象、資料、動向運作的元程式、元遊戲（找出編輯母體），再讓這些元程式或元遊戲持續產生變化。

③將描線、文字、符號、圖像、語言機制、身體動向、科學體系、裝置、機械、建築、都市、祭祀、儀式、演藝活動、體育發出的訊息視為資訊，參與這些資訊的多元面向。

④針對潛藏於生物的資訊活動與人類的腦神經系統、免疫系統的資訊，思考編輯這類資訊的方法，再將這個過程應用在電腦科學或是其他領域。

⑤了解世界上的溝通方式與媒體的歷史，再將焦點放在這些事物創造的特徵，藉此進行新的研究或開發。

⑥將各種知覺活動或社會活動的場面轉換成模型，再於其中植入可隨時替換的編輯世界觀，致力於發現與創造從中而生的編輯現實感。

在此為各位簡單地說明上述的內容：

①是溝通的編輯，②是建立藏在編輯素材深處的資訊母體（母集團），③是重新編輯既有的世界觀，④是將伴隨著知覺與認知，以及不斷自我改變的資訊機制以工學的方式應用，⑤是運用歷史的資訊文化技術，⑥是一邊將知覺活動或社會活動轉換成模型，一邊從其中的資訊編輯流程找出新的創意。

進行這些「作業假說」所需的方法非常多元，而且橫跨不同的學科。

光是值得注意的部分就包含系統工學、資訊通訊理論、知識工學、軟體工學、語言學、符號學、大腦生理學、人工智慧理論、電腦科學這類與溝通系統有關的學問，以及敘事學、民族學、文學理論、戲劇理論這類與文化呈現方式有關的學問，而且也需要圖像設計學、表演學這類理論，媒體技術、影像技術、音響技術、CG 技術當然也不可或缺。

不過，更值得重視的是自然學、存在學、解釋學這類基本哲學，以及潛藏於表演活動、體育、遊戲這些人類行為之中的「綾」。我覺得把這些全列出來太麻煩，所以在第三章使用了「資訊文化技術」這個詞彙。由於之前已舉出咖啡館與茶湯的例子，所以我覺得在此不需要特別說明潛藏於表演活動、體育、遊戲這些人類行為的「綾」是什麼。

那麼，前述的「資訊文化技術」又是處理哪些素材呢？大致上，有下列這些資訊叢集。這些在設計資料庫與知識庫之際，都是非常實用的壓箱寶或觀點。這些資訊叢集之間的相關性當然也是十分錯綜複雜：

數值資訊（data／quantity）：可置換為數值的資訊

事物資訊（fact／evidence）：場所、遺跡、事物、痕跡這類資訊

現象資訊（phenomena／appearance）：宇宙、氣象、都會、家族的變遷

事件資訊（event／occurence／happening）：獨立的事件

解釋資訊（capta／construction）：可衍生各種意義的資訊單位

語源資訊（derivation／meaning／etymology）：藏在語言背後的意義資訊

文章資訊（text／passage）：與某個人所寫的文字或文章有關的資訊

理論資訊（theory／doctrine／speculation）：學問或思想的精華

身體資訊（body／looks）：身體的動作與表情創造的資訊

內臟資訊（viscera／innards）：與體內有關的資訊

心理資訊（mind／mentality）：蘊藏於感覺、意識、欲望的資訊

圖像資訊（icon／figure）：圖解或雕塑的資訊

影像資訊（image／reflection）：與影像有關的資訊

樣式資訊（style／mode）：與資訊整合模式有關的資訊
場面資訊（scene／sight）：藏在記憶、故事、繪畫、照片之中的資訊
構造資訊（system／frame）：與建築、機械、裝置有關的系統資訊
物理資訊（physical／dynamics）：說明力學的資訊
物質資訊（material／matter／substance）：與物質有關的所有資訊
反應資訊（chemical／effect／reaction）：與化學、神經這類產生各種反應的系統有關的資訊
時間資訊（time／age／phase）：分割各種資訊的時間資訊
音響資訊（sound／rhythm）：與音樂、聲響、節奏有關的資訊
機械資訊（mechanics／machine）：屬於所有機械的資訊
故事資訊（narrativity／script／plot）：構思故事或情節的資訊
報導資訊（news／report／topic）：由媒體發布的資訊
坊間資訊（rumor／gossip）：傳聞或風評這類資訊

這些就是「資訊文化技術」的資訊叢集。

話說回來，這些資訊叢集不一定能以同一種方法編輯，必須根據資訊的性格或傾向，選擇盡可能有效的編輯方式。

所謂的「編輯」其實有各種方法以及用途。除了「編輯」這個字眼之外，在編撰歷史的時候，也會使用「編修」這個字眼。

我想起在早稻田大學辦報的時候（我在高中的時候參加了新聞社團，也常去印刷廠），吉行淳之曾對我說「話說，編集（日文的編集等同於編輯）這個字眼總給人一種蒐集東西的負面感覺，聽起來不大舒服」。當時還保有些許使用「編輯」這個字眼的習慣。話說回來，「編輯」這個字眼在中文也有「編輯者」的意思，不純粹是指編輯作業。

順帶一提，編輯這個字眼在中國的分類繁多，例如編排資訊的「編次」，替資訊排出順序的「編號」，替資訊分級的「編組」，依照大綱編排資料編組的「編列」，或是讓資訊有機化的「編排」，以及作詞的「編詞」，製作名冊的「編造」，與校訂有關的「編訂」，有許多方便好用的分類，真不愧是司馬遷誕生的「綾與編之國」。

在編輯工學的世界裡，編輯方法主要分成「編纂」與「編輯」兩種。

前者的編纂相當於英文的 compile，是讓概念與事項建立一對一關係的過程，最常見的就是字典與辭典的編纂。本書的編纂則包含蒐集、分類、選擇、系統這些概念。瑞典科學院創始人卡爾・馮・林奈（Carolus Linnaeus 或 Carl von Linné）的分類學也是最能代表「編纂」一詞的方法，而在這種分類之中，A 就只能以 A 說明，凱撒就只能是凱撒。系統發生樹（phylogenetic tree）

這種方法也是編纂的一種。

反觀「編輯」的英文是edit。編輯比編纂更能自由地摘要、套用與類推，是用途更為靈活的方法。若說傅柯是擁有編纂概念的人，那麼法國文學批評家羅蘭・巴特就是擁有編輯概念的人。

其實就語源而言，英文edit的e就是ex，有out的意思，dit則是to give的意思，所以edit的整體意思就是to give out。edit這個字眼似乎是於十八世紀瞬間普及，在這個詞彙問世之前，都是使用拉丁語的edere（往外輸出）這個詞彙。這個詞彙的語根為edo，有「拿出來交給別人」或是「拿給別人」、「產出」的意思。若問日本古代有沒有與edo相似的單字，應該就是musubi（產出）這個詞彙。這個詞彙的漢字是「產靈」，而musubi一詞則有「結合」的意思。

在編輯工學的世界裡，「編纂」是只處理資料（data）的方法，而「編輯」則是處理capta的方法。大家應該不大清楚capta的意思。capta這個單字是由《自我與他人》與《分裂的自我》的知名作者英國心理學家隆納・大衛・連恩自行創造的詞彙，指的是「有各種解釋的意義資訊」，很久以前，我就非常喜歡這個詞彙。

編纂這個方法所處理的資訊或許可稱為「格式資訊」，而編輯處理的資訊則可稱為「意義資訊」。總之「編纂」較為靜態，「編輯」則因為以意義的動向為媒介，所以屬於極為動態的方法。若要試著比喻這兩種方法，編纂比較像是收藏家的收藏活動，編輯則無法如此形容。也就是編纂屬於「靜態技法」，編輯屬於「動態技法」。

由此可知，編輯其實擁有多不勝數的方法。

一如前一節所述，連古希臘都發現模仿（mimesis）、類推（analogia）、戲謔（parodia）這三種編輯方法。古希臘悲劇詩人艾斯奇勒斯（Aischylos）或是古希臘劇作家索福克里斯都是能靈活運用上述這些方法的高手。古羅馬的維吉爾（Publius Vergilius Maro）、奧維德（Pūblius Ovidius Nāsō）與佩特羅尼烏斯（Gaius Petronius）也是這方面的高手。此外，更為優秀的莫過於《聖經》的編撰者。在模仿（mimesis）這方面，德語文學家埃里希・奧爾巴赫（Erich Auerbach）所著的《摹仿論》是綜觀古今編輯技術史的出色作品。

在希臘與羅馬的某段時期裡，topica 這種推論型的編輯技術也十分發達。這是由古希臘哲學家亞里斯多德發明的詞彙，意思是拓撲斯之學（topos）。亞里斯多德將推論分成論證、辯證、爭論這三種，其中的辯證推論就使用了 topica 這種技術。topica 重視「發現、排列、設問」這三個階段。許多知識分子都是 topica 這項技術的高手，例如羅馬共和國哲學家西塞羅（Marcus Tullius Cicero）就是其中的佼佼者。所謂的 topica 也是一種詭辯術或記憶術，但具有將場所（topos 或 locus）與資訊串聯的特徵，後來又發展成「發現、排列、修辭、記憶、陳述」這五個階段，也因此成為在歐洲古代之中，最優異的編輯技術。關於 topica 的細節，可參考中村雄二郎所著的《場所》（弘文堂）。

古印度使用了比希臘或羅馬更創新的編輯技術。猶太教與基督教在編撰《聖經》之際所使用的編輯技巧，後來被印度教與佛教的信眾用來整理不可計數的婆羅門經典與佛經。

我對古印度宗教思想家筏馱摩那所創的耆那教的方法有著相當高的評價。耆那教所說的世界（roga）就是場所。這個場所是由解脫（dharma）、不如法（adharma）、讓席（agatha）、物質（poggala）、靈魂（jiva）這五種作用力所編輯，其中的 agatha 是最值得注意的編輯方式，也是「禮讓座位」的方法。

佛教徒的編輯力也有令人驚豔之處。雖然《阿含經》《般若經》《法華經》《華嚴經》與《維摩經》都記載著相同的佛陀教誨，但編輯方法卻是迥然有異，所以內容也截然不同。其中最令我為之傾倒的仍是龍樹與世親這兩位菩薩。龍樹的「四句否定」的方法，以及世親在俱舍論提到的「揚棄破我與執我的對立」的方法，都是東洋哲學的顛峰，也是令人畏懼的編輯能力。

在日本也有類似的情況，例如平安時代就已經出現「組合」、「重疊」、「競爭」、「限定」與「變遷」這些優異的編輯方法。

以「限定」為例，這是一種刻意設定界限的手法，也是一種從座敷（內室）眺望庭院時，利用襖（單面紙門）、屏風或是障子（雙面紙門）讓眼前的風景受到侷限的手法。這種手法也可稱為劃界（demarcation），與歐洲的錯視畫（Trompe-l'œil）或是逼真畫（picturesque）的手法有相當明顯的出入。而且對日本人來說，這裡所說的「限定」有「極端」、「半端」（不上不下的）、「端的」（清楚明白的）、「無端」，這類「端」（事物初始之處）的感覺，這也培養了日本人的「無盡」或「生命無到盡頭之際」的感覺。

這類日式編輯方法的核心恐怕是「主客互換」的方法。日語第一人稱的「手前ども」（てめえども，我們），會突然變成第二人稱的「てめえ」（手前，你），第一人稱的「御前に」會變成「おまえ」，原本用來指稱自己的「われ」也會變成用來指稱對方的稱謂，這是一種奇妙的「立場互換」。我很重視這個現象，過去也曾以《主與客的構造》這個副標題，寫了《遊行的博物學》與「間與世界劇場」（春秋社）這兩本書，這或許與日本的眾神原本就是客神有關。奉行基督教的歐洲則不同，從歐洲人將神稱為「主啊」，以及以大寫的 God 指稱神這點就看得出來。

透過例子說明「主客互換的方法」，應該會比較容易理解才對。

比方說，上班族為了招待大客戶，而邀請大客戶前往料亭這種高檔日式餐廳。如果客戶只有一位，通常會請這位客戶坐在上座。客戶有兩位的話，會怎麼安排座位呢？這兩位客戶會對彼此說「別客氣，您請坐」互相禮讓上座的位子，讓最重要的客戶有面子。此外，如果是同事與部長一起去料亭，部長肯定會被安排在上座。假設此時專務董事也來了，部長肯定會將自己的坐墊翻面，急著對專務說「專務您請坐」，將自己的上座讓給專務。如果接下來又有一位大客戶到場，專務應該也會讓出座位才對。

這就是有人蒞臨時，主人讓座的系統，「主客互換的方法」也就是這麼一回事。一如說話的方式分成真心話與客套話一樣，這也是在客人面前就說客套話的方法，為的是讓客人有面子。我認為這種方法就是文化與習慣形塑的「編輯」，因此，不需要刻意矮化自己，但還是要了解箇中意義比較好，因為這就是活生生的日本編輯文化史。

不管如何，這類日式的編輯方法在進入江戶時代之後，從「見立て」（模仿）進化至「付け」（強化印象），從俳諧連歌詩人松尾芭蕉的「しおり」（近似美）到落語的「滑稽」，可說是百花齊放。

由此可知，「編輯」的確擁有各種面向，這也非我個人基於編輯工學妄自下的結論。

就連我平常愛用的《羅熱同義詞辭典》（*Roget's Thesaurus of English Words and Phrases*），也在 edit 這個詞條列出了相當多的同義詞。大致有下列這些同義詞。

adapt、alter、amplify、analyze、annotate、arrange、asemble、assign、blip、censor、change、check、choose、compile、compose、compress、condence、correct、cut、delete、draft、emend、erase、excise、feature、modify、order、organize、prepare、prescribe、rearrange、redact、reduce、refine、regulate、rephrase、report、revise、rewrite、select、shorten

這真是壯觀。若問為什麼編輯這種方法會有這麼多種同義語，那是因為編輯方法在各個領域自行發展與進化。正因為沒有機會整合於不同領域發揚光大的編輯方法，所以才會在各種民族與文化之中不斷滋長。

總之，將編輯工學的各種編輯方法整理成「表格」會比較容易了解，所以我整理了下面這張一覽表，各項目也補上了最精簡的說明。此外，本書將設計、圖解、作曲視為編輯的一部分。

六十四種編輯技法一覽表：

編纂（compile）：「處理 data 的基本技法」

讓每個屬於獨立資訊的定義與單一項目建立相關性的技法

01 蒐集（collect）：廣泛蒐集特定種類的資訊

02 選擇（select）：從蒐集到的資訊篩選必要的資訊

03 分類（classify）：根據框架分類資訊的特徵

04 流派（party）：根據用途或屬性分組

05 系統（taxonomy）：釐清分歧，進一步編排系譜、系列或系統

編輯（edit）：「處理 capta 的進階技法」

10：將資訊叢集分割成意義單位再編輯

06編定（codify）：編撰契約、法典、條例、史書或辭書

07摘要（digest）、製作文摘、關鍵註解、概要、寫成詩歌、保留文義

08凝縮（condensation）：意義的濃縮、概念化、命名、邏輯化

11：模組化資訊叢集的編輯技法

09原型（metamatrix）：發現原型與類型

10模型（model）：建立模型化與分類的類型學

12：讓資訊的多元性產生秩序或規則的編輯技法

11列舉（enumerate）：找出所有同類與相關性

12排序（address）：排列順序、編號、編列頁碼

13規則（order）：建立秩序、規則與變更規則

13：讓資訊重新排序或置換資訊的編輯技巧

14配置（arrangement）：安排、拿捏平衡

15交換（change）：置換，價值轉換、重組字

14：將焦點放在資訊與其他資訊是否具有相關性再進行編輯

16 比較（comparison）：讓資訊相對化、比較特徵

17 套用（suit）：套用、模式比對、對照、疊合

18 競合（conflict）：將重點放在對稱性、對立性。引起反轉、競爭

19 共鳴（resonance）：同步、同理心、建立同義語的網路

15：讓兩種以上的資訊建立相關性與拓展相關性的編輯技法

20 結合（combination）：連結、合併、匯集

21 比喻（metaphor）：暗喻、形容、模仿、舉例

22 推理（reason）：推論、找出理由、前進、建立回路

16：以俯視的角度綜觀資訊，再於資訊之中穿針引線

23 境界（confine）：一分為二、一分為多、限定、分區

24 地圖（map）：製作成地圖、比對、定向、定址

25 圖解（illustration）：製作成圖示、圖說，加上插畫

17：於編輯完成的資訊引進新的資訊叢集

26 註釋（annotation）：深化語義，應用知識、訓詁

27引用（quotation）：引用各種資訊、老調新唱、套用、倚重

28示例（example）：以例子佐證、列出事例、實例、指示

18：以聯想的方式擴張隱藏的項目、意義或意象

29暗示（suggestion）：偶然的一致性、寓意、暗語、提示、隱喻

30相似（similarity）：找出相似物、讓兩者相似、相近

31擬態（mimicry）：讓兩者相似、障眼法、讓某物迷惑

32象徵（symbolize）：圖示化、符號化、凸顯代表性與事物

19：讓資訊更凸顯、更容易產生變化的編輯技法

33輪廓（profile）：描繪輪廓、側寫、漫畫化

34強調（emphasis）：強調、誇張、標題、說服

35變貌（deform）：扭曲、變形、異形、變態

20：施加壓力，讓資訊的意義轉換成另一種意義

36扭曲（distortion）：誤解、曲解、變節、詭計

37分歧（disagreement）：失控、錯配、不適合

38諧謔（joke）：玩笑、詼諧的口吻、以諷刺致敬原著、短劇、幽默

21：修飾資訊的周邊與外部花絮

39設計（design）：編排、設計、調理、轉換成具體的形狀
40裝飾（ornament）：將焦點放在花紋、服飾、紋路、圖案、裝飾
41模擬（simulation）：模擬、模仿、可預測的模式

22：增加或減少多個資訊叢集的編輯技法

42補加（apend）：補註、補充、訂正、添加
43刪除（delete）：削除、排除、摒除、放棄

23：讓編輯的部分流程移植到其他編輯裝置的編輯技法

44保留（reserve）：預留、保存、保管、控管
45代理（agent）：代理、自我效能、代理業務

24：在資訊叢集建立新座標、格點與編輯構造

46度量（metric）：建立度量衡、測量標準、測定
47構造（construction）：建立構造、系統與基礎建設
48型態（form）：轉換成具體的型態、轉換成公式或結構
49生態（mode）：掌握生存的狀態、生態化、觀察動物

25：將焦點放在資訊本身的訊息，再將訊息植入媒體

50焦點（focus）：注意、轉換成焦點、篩選資訊、關注

51報導（report）：製作成新聞、報導、新聞快報

52統御（ruleover）：統括、統整、加上標題、製作成一系列作品

26：讓資訊的流程變成劇本，再以場景為單位進行編排

53劇情（plot）：讓故事的範圍縮小、編排劇情、在故事植入引人入勝的部分

54腳本（script）：劇本、腳本化、重新編排、翻案

55場景（scene）：分割成不同的場景，鏡頭與設定背景舞台

56劇化（narration）：改編成故事、撰寫故事、分派角色

27：將交換資訊的機制轉換成遊戲或競技

57遊戲（play）：遊玩、玩遊戲、在大自然嬉戲、以語言矯飾

58競技（sports）：體育、競技化、判斷勝負、計分

28：將兩種以上難以溝通的異文化加以編輯

59筆譯（translate）：翻譯、置換成外文

60口譯（interpertation）：通譯、手語、點字翻譯

29：透過音樂性與韻律性編輯

61周期（rhythm）：節奏、韻律、領唱、切分節奏

62旋律（melody）：作曲、編排旋律、分節、調諧、歌唱

30：利用綜合性或個別性編輯

63綜合（synthesize）：融合以上的一切技法

64創造（creation）：跳脫以上的所有組合，創造全新的組合

這些只是大致上的參考，各位只需要知道，與編輯方法有關的項目有這麼多就可以了。

不知道大家有沒有發現，在這張「表格」的最後列出了「創造」這個項目，而且還附上「跳脫以上的所有組合，創造全新的組合」這種有點諷刺的說明呢？聽來可能有些可笑，但這或許是因為我不大相信「創造」或是英文的creative這類詞彙的緣故吧。

如果是神的「創造」也就罷了，但「創造」這個字眼真的不該隨口說出。即使如此，我還是很常聽到有人濫用「日本人缺乏創造性」或是「企業的創造性」這類說法，我真心覺得，這些人真是夠了。

若說得更深入一點，我也不太喜歡「原創性」這個字眼。比方說，「他的作品缺乏原創性」這種說法，這是在說他創造了日語（或是他的國家的官方語言）嗎？還是說，他創造了小說、繪畫、八度音階嗎？他不過是在作品加了一點新意而已，所以當然不算是原創，而是編輯的成

果。美國編舞家威廉・福賽斯（William Forsythe）曾說：「真正的舞蹈不能追求所謂的原創性，重點在於是否失去了原創性」。

順帶一提，我也不喜歡 identity 這種概念，因為 identity 這個詞彙雖然常譯成自我同一性或是自我一致性，但我覺得沒有任何自我同一性或是自我一致性完全不會改變或變質。話說回來，就連基本粒子也沒有所謂的自我同一性可言。identity 的概念最多只能用於辨識國籍而已，至於國籍這種辨識方式到底能於二十一世紀適用多久還未可知。

以上列舉的項目並非多多益善，少幾項也無傷大雅。其實ＭＡＣ電腦將這些項目統稱為「剪下和貼上」，在網路世界則稱為「複製和貼上」。簡單來說，就是「拼拼貼貼」。原來如此，編輯就是所謂的「拼貼」啊。

不過，除了「拼貼」之外，大家還得知道編輯是「猶如鷹眼銳利的觀察力與好奇心」，也有「近觀遠眺」、「濃淡有致」、「不斷更迭」的特性。編輯的本質是「相近則相遠」，「不斷來回」與「不斷顛覆」，也有「表裡一體」、「和光同塵」的特質，而這些特質是再怎麼強調也強調不完的。

總之，編輯就是透過上述的方法擁有不同面向的發展，編輯的結果也會因為料理素材的方式而變得有趣，或是極端地枯燥乏味。要想處理多如洪水氾濫的編輯素材，就必須先訂立方針。這就像是在準備結婚典禮的致詞時，必須先擬訂大綱一樣，而這就是所謂的編輯方針。

編輯工學的編輯方針就是何者為軸（axis）進行編輯的意思。比起該如何編輯內容，更重視從哪個部分切入。

在編輯工學的世界裡，編輯方針可大致分為五種，第一種是根據時間順序編輯現象或事件的「時序編輯」，第二種是擷取多個主要場面再進行編輯的「場景編輯」，第三種是根據文字的意義或語境進行編輯的「文脈編輯」，第四種是如同創作短歌、俳句以及作詞作曲般，重視韻律的「律動編輯」，最後一種是重新編排步驟的「程序編輯」：

- 時序編輯（order）
- 場景編輯（configuration）
- 文脈編輯（editoriality）
- 律動編輯（rhythm）
- 程序編輯（procedure）

其中最淺顯易懂的，應該就屬「場景編輯」吧。

這是讓維克多．雨果所著的《悲慘世界》化為區區十數頁繪本的編輯技巧。大部分的漫畫也都屬於這種場景編輯，企業的簡報或是商品展示也只會呈現「有趣的部分」，所以也屬於場景編輯的一種。整個婆羅浮屠寺廟群都與法華經的場景有關，所以也是場景編輯的一種。如此說來，所有的繪畫、影像都屬於場景編輯之一。

至於依照時間軸編輯的「時序編輯」，本書也已舉出許多範例。比方說，前面曾經請大家回想「昨天一整天發生的事情」就是其中一種，全世界的時程表也可說是一種時序編輯。事業計畫或是一般的科學技術也應用了時序編輯的技巧，因為大部分的科學研究都是沿著時間的流向規畫（時間的不可逆性）。不過，我認為時序編輯的精要之處全濃縮於「祭典」。這世上大多數的祭祀都是以擬死再生儀式（象徵性的死亡與隨之而來的復活）為原型，而這些儀式則象徵著「世界一年一次的再生」，也是時序編輯方針的集大成之作。

對於經常舞文弄墨的學者或編輯而言，最熟悉的編輯方針莫過於「文脈編輯」。這是基於文脈（context）進行編輯的編輯方針。曾經製作雜誌或書籍的人，通常都是對文脈很有體會的人。文脈編輯也可說是一種文字型的編輯，所以應該不需贅言說明才對。順帶一提，在大部分的情況裡，模態（modality）、合理性（plausibility）與文本素養（literacy）會是文脈編輯的重點。

其次的「律動編輯」除了是短歌、俳句這類短詩型文藝的編輯方針，也是音樂、舞蹈與體育的編輯方針。幼兒在學習語言時，大致上都是根據律動編輯這個編輯方針學習，而且通常與肢體語言的律動有關，因為這種律動編輯通常都與身體認知有關。本書開頭提及的橄欖球以及五根手指分節化的例子，也稍微提到身體的編輯性。

最後的「程序編輯」就是在編撰手冊或建立規格之際，不可或缺的編輯方針。說到底，我們在搭乘飛機、去區公所的窗口辦事或是在餐廳看菜單的時候，都會用到程序編輯這個編輯方針。莫名擅長這種編輯方針的莫過於官僚。中國曾透過科舉制度採用官員，而科舉制度的目的在於將所有的知識納入程序編輯的框架。我們之所以不得不接受考試或是大學聯考，就是科舉制度的遺毒。

我們以極快的步調從頭到尾了解了編輯工學的方針，但我覺得，這只是點出了一些重點，只是編輯技術的母體的一小部分。

話說回來，這實在是再理所當然不過的結果，因為這些技法並非編輯工學的全部。真正的課題在於如何透過這些方法編輯世界觀或價值觀。從下一章開始，我們將重新思考這個課題。

第五章

編輯複雜的時代

1 世界模型正在損耗

江戶時代的歌舞伎有一個「選定世界」的重要慣例。

這是於每年九月十二日舉辦的活動，狂言作者會莊嚴地坐在惠方（帶來好運的方位），告訴坐成一排的太夫元（管理演員的負責人）、帳元（掌櫃）、座頭役者（最具代表性的演員）這一年的「世界」。所謂的「世界」就是歌舞伎表演之際的時代背景、事件與人物的類型，也就是所謂的世界模型。

歌舞伎有許多值得欣賞的故事，但不能過於追求真實性，因為歌舞伎不同於一般的舞台劇。所謂的「選定世界」就像是一群好朋友聚在一起，然後某個人突然提出「那我們要聊什麼主題？」的過程。

歌舞伎的「世界」大致是由時代、家系、故事、男伊達（扮演俠客的男主角）這些大分類所構成，而這些分類又可以繼續細分，以「時代」這個分類為例，底下可分成曾我物、六歌仙物、太平記物這些時代。一說認為，在第二代櫻田治助所寫的《世界綱目》之中，時代這個分類共有四十七個世界，十八個家系，五十二個故事以及九個男伊達。至於要在劇場上演其中的哪個世界，就得先完成選定世界這個步驟。

當時的觀眾也非常了解所謂的世界模型。說得更正確一點，就是因為觀眾知道這個「世界」的框架，歌舞伎這個虛構的世界才得以成立。儘管知道「這部戲是曾我的世界」，卻能讓觀眾願意沉溺於這個虛實不分的世界，這就是歌舞伎的精髓之處。簡單來說，歌舞伎就是先設定「世界」，之後再於舞台上呈現虛實相間的表演。

若是進一步介紹歌舞伎的話，在選定「世界」之後，接著是擬定「仕組」與「趣向」。

簡單來說，仕組就是「序、破、急」（序為登場音樂，破與急為伴奏音樂）這三個階段，透過這三個步驟決定故事的流程與角色的登場順序。自日本室町時代初期的猿樂藝師世阿彌開始，序破急這個屬於雅樂的構造就受到重視，歌舞伎也採用了相同的概念。除了歌舞伎之外，邦樂（日本傳統音樂）或舞踊（日本傳統舞蹈）也都以序破急為前提。日本舞踊的 oki（序）、katari、kudoki（破）、chirashi（急）正是典型的序破急。我認為這種應用源自連歌或連句的理論。

至於趣向則是由「事」（事情）組成。所謂的「事」就是一種模式或樣式，比方說荒事、浮世事、金平事的「事」，就是這裡所說的「事」。我們在日常生活之中，很常說「這真的是很辛苦的事情耶」或是「這事情真是讓人感到悲傷耶」，但說到底，我們的每一天其實就是由一連串的「事」所組成，換個角度來想，我們的生活正是由「事」所統整的資訊模型所組成。此外，還有「仕事」（工作）這種說法。歌舞伎的世界非常強調這裡所說的「事」。

能否巧妙地將前述的仕組與趣向組成新劇，端看狂言作者的功力，至於能否完美地演出「事」，或是讓「事」的樣式得以擴張，則是演員的工作。一九二八年八月，適逢二代目市川左團次於莫斯科以及列寧格勒（現稱聖彼得堡）舉辦歌舞伎公演，蘇聯導演謝爾蓋・愛森斯坦（Sergejs Eizenšteins）在看了歌舞伎公演之後大受衝擊，得到「蒙太奇理論」的啟發，而這就是透過「事」編排電影的方法。

歌舞伎的構造蘊藏了許多思考編輯構造的線索。

第一步，先設定「世界」，接著決定仕組與趣向，而仕組與趣向再由「事」推動。這真是非常完美的結構，除此之外，其中還有讓我們注意到，我們的日常生活也如歌舞伎的結構。

我們的日常生活充滿了各種對話，而這些對話通常是以下這類內容。

「前陣子我總算去了巴黎，沒想到狗會坐計程車耶。」「對啊對啊，我也看過耶，透過窗戶看著外面，對吧？」「坐在駕駛旁邊吧。我有點難以置信地問了問當地人，沒想到大家居然說，這很平常，沒什麼。」「路上也有很多沒清掉的狗大便，對吧？」「法國人果然怪怪的。」「所以法國才是時尚大國吧？」

這段對話看似稀鬆平常，但是邏輯卻亂七八糟對吧。雖然有部分是事實，但又不是每位巴黎的計程車司機都養狗，而且最後的結論也太奇怪了，這應該會一秒惹怒所有法國人吧。不過這種「對談」很常見。比方說，還有這種對談。

「我遇到麻煩了。」

「什麼麻煩？」

「男朋友說要搬家。」

「這不是好事嗎？」

「我覺得很困擾，因為他說要搬回老家。」

「我覺得這樣不錯啊，因為不用付房租了。」

「唉，他的母親超囉嗦的，脫下來的鞋子一定要擺好，或是講電話太大聲，還是說冬彥會做。」

「對啊對啊，真的很煩耶，冬彥都會做啊。」

「那他是不是多重人格啊。」

「嗯，我也這麼覺得，他大概是媽寶或是戀母情結吧，明明就希望我當護士，自己卻玩世不恭。」

「那要不要考慮分手？」

簡單來說，這就是希臘悲劇的原型。不著邊際的對話變成如同古希臘劇作家索福克里斯（Sophokles）或尤里比底斯（Euripides）的故事般嚴肅，除了出現了神話般的人物，作為背景的「世界」還出現了一部分特洛伊淪陷的場景，如果在對話的途中加入古希臘歌隊（chorus）的合唱，恐怕整段對話會變得完全不一樣。

我們就是活在這種「粉飾」的妙技之中。「粉飾」這種技巧可不是只有大眾媒體才會使用，我們的日常對話也常使用這種技巧修飾，否則語言或是溝通就很難成立。

這種「粉飾」技巧之所以能夠發揮作用，全是因為「世界」存在。話說回來，這裡的世界除了包含國際關係、地球環境這種巨大的世界之外，還包含公司的人事調度或是個人的戀情這種世界，種類可說是五花八門。就算是小孩子，也擁有屬於自己的世界，比方說，同學之間的友情或是「隔壁的龍貓」都是一種世界。世界的本質與世界的大小無關。所謂的世界，就是一連串事件發生的場所。以日本相聲「落語」而言，長屋（連成一排的房子）就是世界。這意味著，「世界」就是讓所有與這個世界相關的話題得以成立的框架。

佛教將這裡所說的「世界」稱為「器世間」(所以才會衍生出「世間」這個詞彙)。平安時代的人們則將這裡所說的世界稱為「穢土」，中世紀稱為「世」，到了江戶時代之後則統稱為「浮世」。

這幾個詞彙都非常相似，而在這個世界之中，每天都有數也數不清的「大事」、「大事件」、「平安無事」的「事情」發生，因此，用於坐禪的禪林才會主張「本來無事」（本來無一物的概念），「宛若無事發生地處之泰然」正是禪的一種。

此外，關於這種世界的作用也有很多種說法。

比方說，斯多葛學派（Stoicism）就以「世界理性」這個詞彙指稱可壓制神性的事物，反之，得到麥迪奇家族資助的文藝復興時期義大利學者馬爾西利奧・費奇諾（Marsilio Ficino）則企圖以「世界靈」這個詞彙，說明從宇宙流出的生命的流向。明明兩者都使用了「世界」這個詞，卻表達了完全相反的意思。普魯士王國哲學家康德（Immanuel Kant）也曾提倡「世界概念」，德國哲學家黑格爾（Georg Wilhelm Friedrich Hegel）則將民族意識稱為「世界精神」，黑森林哲學家馬丁・海德格（Martin Heidegger）則將我們的存在命名為「世界內存在」。近年來，與年鑑學派（Ecole des Annales）淵源頗深的美國社會學者伊曼紐爾・沃勒斯坦（Immanuel Wallerstein）也以「世界體系」說明社會經濟的動向。

一旦想要談論世界，就等於向自己提出在這個世界之中應該成就「哪些事情」的問題。總括來說，每個人都是在這個「世界」之前開始編輯。

順帶一提，在日本，「世界」一詞有兩種用法。一種是佛教用語。過去、現在、未來稱為

「世」，東西南北上下稱為「界」，眾生居住之地為「世界」，一如三千大千世界，便是指眾生居住之地。

另一種用法則是人類社會的意思，例如《竹取物語》之中的「這世界上的男人不分貴賤，無不處心積慮想要娶輝夜姬為妻」的「世界」就是這個意思。

看待世界的方式稱為世界觀。雖然這麼說有點誇張，但所謂的世界觀也可以說成對社會的見解，或是對事物的看法，若說得更簡單一點，就是對「事情」的想法。

其中再清楚不過的是，不管在任何情況下，我們都會先預設各種世界，也就是所謂的世界模型（World Model），再交流，一旦彼此的世界出現明顯的齟齬，就會產生衝突，或是互相排擠，而「編輯」正是重新提出既有的世界模式的作業。

如果完全沒有所謂的世界模型，會發生什麼情況？

恐怕會出現所謂的話不投機，至少不會出現任何故事或是思想。

丹麥作家安徒生（Hans Christian Andersen）、義大利作家卡爾維諾（Italo Calvino）和日本作家宮澤賢治、大江健三郎、島田雅彥都是擅長設定世界模型的作家，因此這些作家在開始撰寫故事之前，會先設定世界，再試著編輯世界的內容，有時則會依序提示「這個世界經過了哪些編輯」

的謎語。我非常佩服阿根廷作家波赫士（Jorge Francisco Isidoro Luis Borges Acevedo）或義大利小說家艾可（Umberto Eco）設定世界的功力。

最直白的範例莫過於推理小說。推理小說之所以是極度重視世界模型的文學作品，我認為全是因為被譽為推理小說之父的美國作家愛倫・坡（Edgar Allan Poe）和英國小說作家柯南・道爾（Sir Arthur Ignatius Conan Doyle）是探求世界模型的作家所致。

政治家眼中的世界模型便是日本、美國與以色列這種國家，因此，所謂的政策就是編輯國家的作業。

不過，一旦進入「如何向國民詢問政策編輯成果」的階段，恐怕整個步驟會比安徒生或是大江健三郎安排故事情節的過程還來得更難。就算得出「這樣詢問應該沒問題」的結論，也只能按部就班地實現整個過程。簡單來說，政策就是「程序編輯」的一種，而且實踐政策更是編輯的過程。

企業家眼中的世界模型就是以市場為對象的事業領域。就算事業領域不斷成長，一旦想將企業的構造打造成世界模型通常都會失敗，因為企業並非「世界」，市場才是「世界」。曾一時傲視群雄的ＩＢＭ之所以會在世界戰略慘遭滑鐵盧，便是犯了上述的錯誤。同樣的，政治家或是政府也不能尋求所謂的世界模式，否則肯定會落得無產階級獨裁或納粹獨裁的下場。

說到底，世界模型就是供「事情」發展的舞台，「事情」之中的喜怒哀樂或是利益得失與世界模型無關。

若以將棋為例，將棋的棋盤共有八十一目，敵我雙方各有八種功能的棋子，棋局則會隨著棋子的移動與個性而進行，而到這個部分為止，都屬於世界模型所扮演的角色，直到加上「規則」之後，將棋才稱得上是將棋，但是這個「規則」不屬於世界模型，因為世界模型有該扮演的角色，所以規則與世界模型是各自獨立的，之後則全是棋手之間的較量。

古代中國將這種世界模型稱為「石室」，在石室之中，「桃棗的時間」有別於一般的世界。仙人則在石室之中的石桌刻出棋盤，悠然自得地下棋。

接下來的話題雖然有點跳躍，但角色扮演遊戲（Role-Playing Game，RPG）的凱歌就藏在將這類世界模型巧妙地放進電腦遊戲的過程。小孩之所以能化身為超級瑪利歐，在城堡或是水中冒險，或是在勇者鬥惡龍的世界地圖探險，全是因為這些都是孩子們心中的「世界」，玩家也能遨遊於這個世界。話說回來，這也不是這類電腦遊戲的創舉，因為早在電腦遊戲發明之前，大富翁這類遊戲就已經提供了上述的「世界」(只不過最終創造這類電動遊戲的是任天堂而已）。

也可以在電腦系統之中設定世界模型。

一如後述，我認為應該盡可能開發這種電腦系統之中的世界模型。雖然電腦系統是從設計架構開始，但這個架構應該要具備世界模型才對。今時今日的 Windows 系統或是 MAC 系統並未如此設計，而編輯工學則著手處理這個假設性問題。

在過去，「世界」明顯分成兩種。

然後這兩種世界愈變愈大，歷史也往世界模型逐步變得複雜的方向發展，我也認為，「編輯的歷史」便於上述的過程攤在眾人面前。

最初的兩個世界便是「現世」與「彼世」。

我將這兩個世界分別稱為 here（這裡／現世）與 there（那裡／彼世）。

最初的世界模型奠基於彼世（there）。所謂的彼世就是彼岸，也就是死者之國或是根之國（日本神話之中的異界）。不過，這個死者之國立刻被美化為烏托邦、天國、淨土、阿卡迪亞（希臘的理想國）、桃花源、亞特蘭提斯、黃金國（El Dorado）、香巴拉（Shambalah）這些充滿憧憬的詞彙，也被編輯成代表彼世（there）的世界模型。後期的神話編輯便是代表之一。

當代表彼世的世界模型成形之後，代表現世（here）的世界便隨之陸續出現，因此不難理解的是，這兩個世界的出現順序是「從彼世到現世」，而不是「從現世到彼世」。埃及的金字塔，美索不達米亞的叫拜塔（Minaret）、斯堪地那維亞的世界樹（Yggdrasill）、希臘的衛城、長安的都城或是巴格達圓城，此外，祇園精舍、克呂尼隱修院、東大寺、婆羅浮屠也應運而生。

在日本的藤原時代之前，也有類似的建築。比方說，在西元十一世紀的白河天皇時代，京都的岡崎一帶有法勝寺、尊勝寺、最勝寺、圓勝寺這六個寺名帶有「勝」的大寺院（六勝寺），這些寺院一方面是藤原一族展現威嚴的建築，另一方面則是強調「這世上的確有所謂的烏托邦」。我們則為了重溫當時的風情，欣賞宇治的平等院鳳凰堂、木津的淨瑠璃寺或是小野的淨土寺。

不過，等到這些「地上的烏托邦」式微，人們便回過神來，開始設計幻想中的世界模式。這就是一五一六年，英格蘭社會哲學家湯瑪斯·摩爾發表了《烏托邦》之後，源自烏托邦的另一個世界概念的第一步。

緊接著義大利哲學家托馬索·康帕內拉（Tommaso Campanella）的《太陽城》，德國神學家約翰·安德里亞（Johann Valentin Andreae）的《基督城》（*Christianopolis*）、英國哲學家法蘭西斯·培根的《新大西島》、英格蘭政治理論家詹姆士·哈林頓的《大洋國》也相繼發表。

這些「幻想中的世界模型」都是基於對現實社會的批判而誕生，並非從編輯神話而來的產物，而是編輯社會所生的產物。

最終，這個趨勢分化成兩條路。

其中之一的趨勢就是法蘭西斯·戈德溫所著的《月中人》（*The Man in the Moon*）、法國作家西哈諾·德·貝傑拉克（Savinien de Cyrano de Bergerac）的《月世界旅行記》（*Histoire comique des états et empires de la lune*），或是強納森・史威特的《格列佛遊記》這些十七至十八世紀，象徵著荒誕無稽與不合理的作品。

這也是歐洲「文學」的誕生，與日本的淨瑠璃或是歌舞伎所描述的虛實世界相通。其實歌舞伎也是於戈德溫與史威夫特的時代確立形式，說得更清楚的話，淨瑠璃這個音樂名稱則是從藥師如來的瑠璃光淨土借用而來。

另一個趨勢則是百科全書編撰者德尼・狄德羅以對話形式寫成的《布干維爾島遊記》（*Supplément au voyage de Bougainville*）為開端，之後才慢慢地出現社會主義所說的「地上的烏托邦」。狄德羅這位了不起的男人一邊重新編撰充滿知性的百科全書，另一方面又致力於重新編輯世界模型。

儘管一邊回到摩爾的《烏托邦》這個批判的原點，另一方面，具體的烏托邦建構計畫也陸續推動，此時就輪到法國哲學家聖西門（Comte de Saint-Simon）、法國哲學家傅立葉（Charles Fourier）與英國社會改革家羅伯特・歐文（Robert Owen）登場。若問為什麼會有如此進展，應該歸因於工業革命、美國獨立、法國大革命這一連串的事件，因為這些事件是真實而非虛幻的世界模型的一大轉變。工業革命讓「機械」這套全新的自主系統得以實現，美國獨立則讓「新大陸」這個新的「地上烏托邦」得以化為現實，法國大革命則讓公民意識這個另一個世界成為真實的世界，如此一來，湯瑪斯・摩爾提出的烏托邦只能成為過去式。

一旦走到這一步，這些社會主義式的「地上烏托邦」計畫也必須付諸實行。

這也造就了遍地開花的理想共同體。夏爾・傅立葉曾提出可容納一千三百人的理想共同體法倫斯泰爾（Phalanstery）與家庭農業共同體法朗吉（phalanx），羅伯特・歐文在美洲新大陸的印第安那州建立了新哈莫尼（New Harmony）這個勞動公社的實驗，但最終以失敗收場。

在上述的嘗試之中，最鍥而不捨的莫過於法國政治學家路易・布朗（Louis Blanc）與埃蒂耶納・卡貝（Étienne Cabet）。卡貝實驗性地發表了《伊卡利亞旅行記》（*Voyage to Icaria*）這本著作，也在一八四八年的巴黎公社之後，在聖路易斯附近的諾瓦建立了書中描述的伊卡利亞國（卡貝為巴黎公社的負責人之一）。令人驚訝的是，這個伊卡利亞國居然「維持」到一八九八年才結束。

雖然伊卡利亞實驗很繁瑣，但是這項計畫卻很大器。伊卡利亞國由一百個縣組成，其中各縣分成十個自治體，這些自治體又各有八個村。伊卡利亞國的首都為伊卡拉，是與巴格達圓城相似的都市，一院制的人民議會共有兩千人左右，採取的是民主制度，教育與糧食生產都設有負責人。

雖然除了伊卡利亞國之外，還有許多與地上烏托邦相關的計畫，但這個國家最值得注意的是，所有的政策都有專門的委會員所提出的模型計畫付諸實行。這可說是史上前所未有的實驗，因為史上大部分的政策都是突如其來地實行。卡貝藉此舉暗示了國家的編輯也需要公開過程。

不過，卡貝創立的伊卡利亞國總讓人覺得與社會主義國家太過相似。果不其然，這個計畫最終以蘇聯的集體農場、國營農場或是中國的人民公社實現。可惜的是，這些集體農場、國營農場或是人民公社並未公開模型計畫，都是由史達林或毛澤東專斷獨行推動。

重點在於，到目前為止，現世（here）的世界模型只有蘇聯社會主義或是中國文化大革命這類失敗的歷史。或許伊斯蘭各國的內部都有世界模型運作著，但至今仍無從證實這點。

換言之，直到今時今日，世界模型仍在損耗之中。

如今的世界模型不是愈用愈舊，不然就是被徹底遺忘。

正確來說，提出世界模型的主導權握在美國手中，但我認為，不得不檢討美國為何握有世界模型主導權這點的歷史已經揭開序幕，可惜的是，如今還未曾聽過這類討論。美國高喊的「世界新秩序」並未考慮全球各地區之間的糾葛，我也很想對這點提出異議。可惡的是，明明美國提不出優秀的世界模型，卻霸著提出世界模型的主導權不放。

世界模型的損耗也影響了企業界與學術界。

資本主義不僅玩不出新把戲，還缺乏提出新產業秩序的能力，大企業也沒有能力建立世界模型。唯一可行的世界模型恐怕只能反求網路這類社群或是虛擬社群。不過，若只是虛擬社群，那麼湯瑪斯．摩爾或是夏爾．傅立葉早就提出類似的概念了。

學術界也已奄奄一息。

美國哲學家湯瑪斯・孔恩（Thomas Samuel Kuhn）提出的典範轉移（paradigm shift），可說是學術界的世界模型，但可惜的是，孔恩的預測未能成真，新典範一個都沒出現。所謂的典範是指「廣為大眾接受的業績，在特定的期間之內，賦予科學家對於自然提出問答的模型」，與這個問答有關的編輯模型也因此形成。

原來如此。

我們的確不知不覺地遺失了這個「與問答方式有關的模型」。所以我們也不知道該如何提出前述的「事情」，也對這些事情的呈現方式或表演方式失去信心。

儘管情況讓人憂心，但還是有一些解決方案。

比方說，奧地利哲學家卡爾・波普（Sir Karl Raimund Popper）提出的「漸進式工學」就是其中一種。波普對於傳統的歷史法則主義多有批判，而我也不時在本書介紹一些歷史沿革，但是波普爾認為光是從這些歷史學到的方法，不足以開拓新的地平線，他同時主張，只能一步步實現所謂的「開放社會」。雖然「開放社會」的內容尚嫌薄弱，但放寬標準來看，的確是提倡世界模型的主張。

不過，波普的主張與法蘭克福學派的德國哲學家尤爾根・哈伯瑪斯（Jürgen Habermas）主張的「更加理性」、「了解進行式」產生激烈衝突。波普的漸進式社會工學再怎麼循序漸進，也還有所謂的目標，但這樣是不行的。哈伯瑪斯認為，人類終究是透過語言增進理解，所以會帶有目的也是無可厚非。

這就是名稱詭異的「溝通行為理論」。不管這個理論的內容為何，都忽略了以世界模型為前提的計畫，換言之，上述的「了解進行式」是為了創建社會的非目的模型而存在。

波普與哈伯瑪斯的對立象徵著現代學術的桎梏。一旦演變成這種學術上的對立，最後通常會鬧得不太愉快。

要想化解對立，踏出新的一步，就得讓特別突出的理性立場互相讓步，再建立一個能包容雙方立場的超模型。令人意外的是，此時所需的超模型，或許就是類似歌舞伎構造的模型，也就是從歷史引用所謂的「世界」，再於這個世界植入「仕組」與「趣向」，再讓各種「事」以不同的樣式頻繁地進行。

歌舞伎的語源為kabuku，一般認為，這是源自日文傾く（kabuku）的諧音，而傾奇者（kabukimono）則有「特立獨行的人」、「不按常理出牌的人」這類意思。

不過，我剛剛之所以會說「類似歌舞伎構造的模型」，並不是認同這種「特立獨行的風俗」，而是認為讓歌舞伎這種故事構造得以成立的方法充滿了暗示。我真正想說的是，世界模型必須是「臨時的歇腳之處」，必須是一種假設。如果希望世界模型成為某種現實，那麼該閱讀的不是本書，而是該學習美國或伊斯蘭的世界戰略。

此外，以資各位讀者參考的是，就目前而言，編輯工學的世界將世界模型分成同構（isomorphism）、同態（homomorphism）與擬同態（quasi-homomorphism）這三種，其中又以密西根大學教授約翰·霍蘭德研究的「擬同態」模型能以非線性的方式，有效編輯具有非連貫性（incoherence）文脈的資訊。

此時此刻，進一步介紹編輯工學的準備已經就緒。其實我認為，「故事」能讓編輯工學變得更有層次，所以打算在下一節說明故事與編輯工學之間的關係。

2 故事的祕密

我們真的了解「故事」是什麼嗎？

我們對「故事」應該有一些粗淺的了解才對。小時候，我們聽過很多故事，現在也對日本的劇本或是企業的劇本有所不滿才對。

我們是否知道「這些故事互相串聯」這件事呢？

或許各位已隱隱約約感受到這點。比方說，電視劇《水戶黃門》就是很老套的故事，而且大家應該已經發現每一集的故事都差不多，也知道日本演員渥美清主演的《男人真命苦》，每一集的故事都很像。即使是好萊塢的動作電影，也都給人似曾相識的感覺。

話說回來，有研究指出，「灰姑娘」這個故事在全世界有八百個版本，而且光是在日本信濃川流域一帶就有七十五種版本，這到底又是為什麼？

信濃川流域的「灰姑娘」的翻版是眾所周知的「米福粟福」這個有關姐妹的故事（關敬吾、

水澤謙一）。故事之中的姐妹只有兩個，不是原著之中的三個，遺失的東西也不是玻璃鞋，而是釣魚線或是食物，原著之中的仙女則換成山姥，但只要聽過《米福粟福》的故事，任誰都會急著打斷別人的話題，得出「這故事很像灰姑娘」的感想。想必這是因為這類故事，夾雜著某種類似「灰姑娘的遺傳基因」吧。

大正十五年，南方熊楠直言九世紀唐代博物學家段成式於《酉陽雜俎》收錄的〈葉限〉是灰姑娘的起源，英國東方學學者亞瑟・偉利（Arthur David Waley）所著的《中國的灰姑娘故事》也認同這個說法，但事情可不只如此。

我們熟知的灰姑娘除了出自法國作家查爾斯・貝洛(Charles Perrault)所著的《格林童話》之外，十七世紀義大利詩人吉姆巴地斯達・巴吉雷（Giambattista Basile）的《五日談》(*Pentamerore*）或是巴爾幹地區、爪哇島、伊斯蘭地區、古印度的坎納達族都流傳著類似的故事。甚至瑞典民俗學家安娜・羅斯（Anna Birgitta Rooth）與亞契・泰勒（Archer Taylor）還為此另外創造了「灰姑娘故事圈」(Cinderella Cycle）這個名詞。

在這些變異版的故事之中，恐怕都有類似遺傳基因或是「故事母題」存在。至於到底有幾個母題，編輯工學正在釐清，但一般認為，全世界的故事恐怕都是以「故事母體」為前提流傳。我將這種母題稱為 mother，說得更正確一點，就是 native mother。

於前幾年逝世的美國知名神話學家喬瑟夫．坎伯(Joseph Campbell)除了發表鉅作《千面英雄》與《神的面具》（*The Masks of God: Creative Mythology*）之外，也曾經調查全世界的英雄傳說，分析了於全世界分布的故事母題。坎伯認為全世界大部分的英雄傳說都擁有同一個「母題」，也進一步釐清這個母題擁有啟程（separation）、試煉（initiation）與歸返（return）這三個階段的構造。

的確，我們熟知的桃太郎、一寸法師、浦島太郎，也都有類似的情節，一開始通常是令人意外的出發點，也就是前往未知的國度，接著在遇到夥伴或是得到線索達成目標，最終則是被當地人慰留，但還是毅然返鄉。

不僅如此，連美國西部電影《原野奇俠》（*Shane*）、日本的《男人真命苦》、《鱷魚先生》（*Crocodile Dundee*）、《座頭市》、《木枯紋次郎》，也都是類似的故事。比方說，遊手好閒的寅次郎每一集都會與美女邂逅，也都會被慰留，但還是揮一揮衣袖，不帶走半片雲彩。柴又的寅次郎簡直就是浦島太郎的翻版。

話說回來，摩西、宙斯、須佐之男的故事也擁有類似的結構。

我們的心裡面潛藏著某種故事的感覺，而在上述的故事之中，潛藏著某種讓我們釋放這種故事感覺的元素，這意味著，除了這世上有許多故事之外，我們的心中也有類似的故事構造。如果能夠巧妙地運用這個元素，就能運用這些故事架構進行各種編輯，而且其中一定有與歌舞伎的「選定世界」相通的世界模型。

這對編輯工學來說，可不是能視若無睹的事情。

因為假若某種「故事母題」與藏在我們心中的編輯感覺有關，那麼這個「母題」的故事構造當然是編輯工學所不可或缺的本質之一。

另一方面，故事之中的母題陸續轉換成模具（mold）或原型（archetype），接著再催生出各種故事版本這點也嚴正地告訴我們，故事本身就是一種媒介，以及媒介本身就有所謂的故事性，而且這兩種機制同時運作。因此，故事的祕密或許與資訊編輯技術的本質有關。

此外，假設所有的故事都彼此相通，那麼這些規模不一的故事有可能交織成大型知識庫（知識資料庫）。這點應該不難想像才對。總之，先為大家介紹一些令人玩味的例子。

大家應該都聽過「伊甸園」這個膾炙人口的故事。

眾所皆知，園中的亞當與夏娃因為偷吃了象徵智慧的蘋果而被逐出伊甸園。這個《舊約聖經》的故事其實是在印歐語系全面流通的「故事母題」之一。

比方說，許多希臘人都相信，希臘神話天后赫拉在西方的某處擁有一座魔法蘋果園，園中的蘋果樹是所謂的生命之樹，而赫拉飼養的巨蛇總是蜷繞在這棵樹。此外，凱爾特人則將西方樂園稱為「阿瓦隆」(Avalon/apple land)，死亡女王莫里格（Morrígu）則統治著這片樂園。由此可以推論的是，既然莫里格是掌管死亡的女王，那麼由她統治的這片樂園所結的果實，應該是讓人長生不死的蘋果。

除了上述這兩個例子之外，足以代表中世紀歐洲的「亞瑟王傳說」也直接借用了凱爾特故事的情節。在這個故事之中，亞瑟王在三位女神的引導之下，造訪了阿瓦隆這座樂園。

在北方也流傳著相同的故事。

在北歐神話之中，於西方擁有魔法蘋果國的是女神伊登（Idun）。據說吃了這裡的蘋果，獲得長生不死的不是亞當與夏娃這對最初的男女，而是眾神自己。不過，這個眾神吃了蘋果，獲得不死之身的「故事母題」，直接改編成齊格弗里德的曾祖母在吃了蘋果之後懷孕的故事。古代羅馬人則將這個故事改編成波摩納這個「蘋果女神」，以便永遠記住結出果實的無上喜悅。

古羅馬人心中的「故事母題」有可能是由伊特魯里亞人（Etrusci）引進的，因為在伊特魯里亞人的餐桌上，最重要的食物就是蘋果。

因此，羅馬帝國出現了「以雞蛋為始，以蘋果為終」的宴會型態。有記錄指出，羅馬帝國大希律王（Herod）一定會在晚餐的最後吃顆蘋果，因此，蘋果除了是結實累累的象徵，更成為結束與終了的符號。

據說萬聖節的南瓜原本也是蘋果。這個典故源自在聖人節日的前夜祭，利用蘋果舉辦儀式的習俗。

此外，蘋果的花朵也與暗示結出果實的新娘有著密不可分的關係，不死的蘋果也可以反過來成為充滿劇毒的蘋果。想必大家已經發現，在《白雪公主》這個故事之中，後母手中的毒蘋果象徵著伊甸園之中的蘋果。既然已經提到了毒蘋果，在此便順帶一提，在中世紀騎士文學的傑作《騎士聖杯傳說》（*Parzival*）之中，出現了削蘋果皮不小心削到手指，導致鮮血染紅白雪的場景。

話說回來，為什麼會出現夏娃吃蘋果的情節呢？要想知道這個問題的答案，就必須知道夏娃這個源自美索不達米亞的「故事母題」逐漸東傳，之後又從印度反向輸入歐洲這段歷史。

容我再稍微介紹一點故事編輯的沿革。

在美索不達米亞地區沒有夏娃是由亞當的肋骨所造的故事，而是夏娃創造了亞當。亞當的名字也稱為阿達帕（Adapa）。至少古巴比倫留有這類紀錄，而這個故事應該是更古老的版本。

這個夏娃的原型是於印度流傳的迦梨女神，之後則在擁有提婆、伊娃這類名字之後，漸漸成為創造一切的女神。在印度怛特羅之中，迦梨又稱為阿提塔伊娃。不過，這個原型夏娃除了掌管生命，也掌管死亡，背負著這兩種職責。

若問為什麼會有如此演變，端看某個時代的某個地區的夏娃信仰是母權社會的產物，還是父權社會的產物（美國作家芭芭拉．沃克）。在母權社會之中，夏娃雖然是掌管永生的女神，但是當這個故事進入父權社會之後，將夏娃視為掌管有限生命的女神，會是比較適當的解釋。或許在這個印度神話進入亞述帝國之後，神話的本質就從母權社會的角度轉換成父權社會的角度。

因此，故事產生了跳躍性的變化。「故事母題」也衍生出「新故事母題」。意思是，整個故事變成明明可以永遠活在樂園之中的夏娃，因為犯了錯而失去永生，成為被責備的對象。

若問為什麼故事會如此轉變，這是因為當時擔任一戶之長的男性無法責備驅逐亞當的神，所以只能責備夏娃。曾有書提到，「罪惡源自夏娃，我們因為夏娃犯的錯，都得面臨死亡」，《以諾書》（*Enoch*）也提到，神因為夏娃犯了罪而創造了死亡。古羅馬時代的聖保羅也只責備夏娃，不責備吃了蘋果的亞當。每當換了不同的媒介，夏娃的故事就變得更加罪孽深重，最終，不幸的夏娃只能一肩挑起偷吃禁果的罪。

順帶一提，夏娃的原罪還有另一個源頭，那就是夏娃的第一任丈夫是蛇。這當然是穿鑿附會的說法，但這也說明了「蛇」是夏娃為了追求肉體的歡娛所創造的男性生殖器。

我們剛剛回溯了漫長的變遷，但想必大家已經徹底了解「故事的遺傳」是怎麼一回事了。以「原型夏娃」為主體的故事母體以及「伊甸園」的故事母體，在歐亞大陸不斷地流傳之後，衍生出無數的「新故事母題」。

不過，讓我對這種「故事的遺傳」產生興趣的是，當我知道但丁的《神曲》是以羅馬帝政時期的《艾尼亞斯紀》（維吉爾所著）為藍圖的這件事。《艾尼亞斯紀》是以希臘神話為母題，而希臘神話則是以小亞細亞或地中海的故事為母題。此外，當我知道歌德的《浮士德》可一直回溯到聖經的《約伯記》之後，我對「故事的遺傳」便產生了濃厚的興趣。

從那時開始，便陸續發現故事之間的相關性，而這些故事宛如超媒體般彼此連結。

因此我開始思考，能不能打造一個屬於故事母題的原生資料庫，也於一九九二年啟動了研究這個原生資料庫的「opera 專案」。

之所以會冠上 opera 一詞，是因為這個詞彙有 works（成果、作品）或是 operation（操作、編輯）的意思，此外我從武滿徹與大江健三郎所著的《打造 opera》（岩波新書）之中，發現最重要的事情就是「戲劇性」，而當我聽到這兩位主張「戲劇性」讓我們有勇氣開創世界這番發言，更讓我想在這個專案冠上 opera 這個詞彙。令人遺憾的是，武滿先生還沒來得及完成歌劇的作曲就辭世。

這個「opera 專案」請來高山宏、荒俁宏、黑崎政男、室井尚、田中優子、杉本圭三郎、中野美代子、武田雅哉參加，挑選了古今中外的一百個故事，並將這些故事轉換成數位資料，也設計了共用的架構。接著根據這個架構開發了各種媒體與工具，讓這一百個故事（希臘神話、《平家物語》、《浮士德》、《白鯨》和其他故事）擁有幾種相關性。

這個由各大學、省廳、企業贊助的專案雖然因為景氣下滑而暫時觸礁，但最近又開始與各界合作，成為數個紮實的研究開發專案。

到目前為止，除了NTT、NEC、東芝、日立、NTT Data、歐姆龍之外，也開始與北海道大學、慶應大學、牛津大學、萊比錫大學、史丹佛大學的研究所合作，設計故事資料庫，以及透過網路打造國際故事百科全書，還有探討故事與網路沙龍的關係，也與北海道大學的田中讓教授進行intelligeniPad共用研究，此外，也與波蘭新聞社或視算科技（Silicon Graphics）公司合作，以及研究在遠距學習系統上應用故事資料庫的方法，上述的活動就如同互相連結的網眼般動了起來。資生堂與裏千家也一同啟動了讓「傳誦者重生」的計畫。

雖然現狀如此，但編輯工學從某個階段開始對敘事學（narratology）產生濃厚興趣。在這些對於敘事結構或是故事效應有興趣的人共襄盛舉之下，國際故事學會於一九九三年創立。

其實「敘事學」早在法國人類學家克勞德．李維—史陀（Claude Lévi-Strauss）建構的結構主義之中靜靜發酵，在此之前，則是源自俄羅斯民間故事以及傳說的劃時代研究者弗拉基米爾．普羅普（Vladimir IAkovlevich Propp）所著的《故事形態學》。如果再繼續回溯，可回溯到德國語言文化研究者格林兄弟與德國自然科學家亞歷山大・馮・洪保德。

為什麼這些足以代表歐洲的知識分子會對故事產生興趣呢？這全是因為德國哲學家赫爾德（Johann Gottfried von Herder）「發現」了異常。一切都是從赫爾德的童話理論開始的。赫爾德曾說：「就某種程度而言，下層階級的民間故事、童話與神話是民眾的信仰，是直覺、力量與本能的結晶。人們會在一無所知的情況下，在故事之中看見夢想，也會因為看不見而相信故事，而故事擁有再純粹不過、難以再次分割的靈魂」。

赫爾德所說的「再純粹不過的靈魂」就是故事的基本動向。看來赫爾德於故事之中嗅到了靈魂的親緣（seelenverwandtschaft）。這就是歐洲童話論的開端，也是敘事學的開端。

普羅普、保加利亞哲學家托多洛夫（Tzvetan Todorov）、李維—史陀、羅蘭・巴特都接二連三地分析了故事。此外，法國哲學家保羅・利科（Paul Ricoeur）則將重點放在故事之中的時間，雖然我對這部分不感興趣，但是故事的相關研究卻漸漸地往這個方向傾斜。

此外，寫了許多敘事學著作的法國文學理論家熱拉爾・熱奈（Gérard Genette）則以mimology這種「語言模仿論」的角度研究故事，也因此掀起話題。華盛頓社會調查研究所所長理查・布朗這位急著建立後現代主義的研究者認為，後現代主義的內容就是「社會已透過故事文本化」。賓州大學教授傑拉德・普林斯（Gerald J. Prince）甚至編撰了《敘述學詞典》（*A Dictionary of*

Narratology，一九八七）。

在日本方面，以三谷榮一、三谷邦明為研究敘事史的先驅，後有角川源義的傳誦者研究以及兵藤裕己、赤坂憲雄的敘事論，持續探討著故事文學結構。最近，河合隼雄也著手研究「療癒的故事」，大塚英志的故事消費論或是故事行銷也陸續登場。

敘述學很少探討故事為何能從神話時代延續到多媒體時代，不被歷史的洪流所吞沒這點。羅蘭·巴特曾說：「故事與生命相同，是跨越國界、時代與文化的存在」，率先點出故事具有的特殊魅力，卻未曾說明故事為什麼擁有如此魅力。

故事，真的是不可思議的東西。

故事在許多領域之中，扮演著極為全能的角色。神話也是故事的一種，古希臘作家希羅多德（Herodotus）或司馬遷筆下的歷史也是故事的一種。我們知道的織田信長與其祖父的事蹟，有可能一開始只是某種枕邊情話而已，只是我們永遠不可能明白，到哪個部分為止是歷史，到哪個部分又是故事。

history（歷史）這個字的語源為「說故事」的historia。在哥倫比亞大學教授藝術論的亞瑟·丹托（Arthur Coleman Danto）就曾寫下「歷史在故事之中」這樣的評論。

暫且不論這裡所說的故事是什麼，但我們可以確定的是，故事至少是一種扮演重要角色的超系統或是超文本。加州大學的美國歷史學者海登・懷特（Hayden White）甚至主張「故事是讓文化得以交流的人類普遍特性」。

就我目前的調查所知，小小孩邊說「聽我說，我啊，早上啊，吃了早餐之後……」邊回憶當天發生的事情時，可以看到大腦的神經網絡出現「故事迴路」。

這時候的小孩還沒從母親學會完整的說話方式，所以可在這樣的小孩身上發現海登・懷特所說的「普遍特性」。

小孩子就是使用這種第一次發現的故事迴路編輯於日後體驗的資訊。不管是圖畫日記還是真正的日記，抑或在班上或早上點名時間的報告，幾乎都是透過這個第一次的故事迴路編輯。直到接收了教科書、老師或是其他人的影響之後，才會形成新的故事迴路，也就是第二次的故事迴路。大部分的青少年會在這時候接觸到夏目漱石、芥川龍之介或是杜斯妥也夫斯基的作品。這些作品的影響可是非常強烈。如果是最近的話，青少年比較有可能被村上春樹或是吉本芭娜娜的作品影響，不然就是被搖滾樂、流行音樂的歌詞，以及萩尾望都與大島弓子的漫畫所影響。

總之，大部分的人都是透過這些借來的故事為自己的體驗增添色彩，然後再產生第三次的故事迴路。最終則透過大腦之中的多個故事迴路撰寫業務日誌、企畫書、家庭故事或是擬訂旅行計畫。

話說回來，我們能從這類故事結構或是故事迴路於日常活動運作的這件事發現什麼呢？答案就是我們可以發現那些於古代形成、於日後串起中世紀多個故事世界的「故事母題」至今依舊存在的事實。瑞士心理學家卡爾・榮格（Carl Gustav Jung）曾再三指出這點（榮格將這裡的「故事母題」稱為「原型」），也將曼陀羅構造或樹木構造視為故事母題的變形，同時透過各種實例主張這種「故事母題」深植於我們的內心深處。

在日本，取得榮格派分析師資格的河合隼雄大力推廣由榮格開發的沙遊療法（sandplay therapy）。這是一種在盒子之中，放入大海、河川、山巒、房子、小橋、小船以及各種單元（什麼都可以），藉此治療精神疾病的治療方法。這種沙遊療法可說是完美地應用了「故事母題」。我們的內心深處都藏著隱而不顯的「事」，而「故事母題」正是形塑這些「事」的時間與空間的雛形。如果接觸這個雛形能夠治療我們的心病，就代表「故事母題」至今仍於我們的內心延續。

「故事母題」的結構其實比想像中來得單純。

比方說，箱子的正中央有一條河川，河川的兩端各有一個世界的世界模型，就足以形成一個「故事母題」。

換句話說，可以是下列這種故事母題。在河川的兩側有 A 與 B 這兩個部落。這兩個部落因為某個原因（爭奪水源或是寶物）產生衝突，因而進入備戰狀態。結果 A 部落獲勝，成為統一河川兩側的王，但是落敗的 B 部落的公主不願接受這個結果，於是 A 部落的武將（使者）便渡河前往 B 部落交涉。沒想到 A 部落的武將居然與 B 部落的公主相戀，A 部落與 B 部落又因此發生衝突。最終，武將與公主的愛讓戰爭消弭，一切圓滿落幕。

如果以圖形描繪這個「河川母題」，那就是中間有一條線，線的兩側有 A 與 B 的兩塊地盤，結構可說是非常簡單。中間的那條線可以是一條河，也可以是一條路，甚至可以是山谷或是坡道，就算只是一棵大樹也沒關係。這種將世界一分為二的大樹在神話學、人類學或是敘事學的世界裡，通常稱為「世界樹」或是「生命樹」。

位於這條線兩側的 A 與 B 可以是部落、國家或是兩個家族（例如羅密歐與茱麗葉），也可以是兩個集團（例如西城故事），當然也可以只是兩個人（例如亞當與夏娃）。A 與 B 的關係可以有非常多種模式與組合，可以是非常親近，或是彼此反目成仇，也可以是互相傾軋或是合作。各自的支持者可以選擇支持或是背棄，也可以請第三方幫忙，或是互相背叛，總之有非常多種組合。

不論如何，這世上有無數多個從這種「河川母題」衍生的故事。若以基督教為例，這個母題之中的河川就是阿刻戎河（Acheron）。在西歐世界裡，光是講述哪個主角渡過這條河，以及渡過這條河的方法，就有很多個版本。在《神曲》之中，但丁就是在維吉爾的引導之下渡過阿刻戎河。凱撒渡過盧比孔河的故事也可視為「河川母題」的分支。位於邊界兩側的 A 與 B 彼此對立，或是互通訊息的故事，通常都源自這個「河川母題」。簡單來說，這就是羅密歐與茱麗葉的模式。近代文學與現代文學當然也傳承了這類母題，例如奧匈帝國的德語小說作家法蘭茲・卡夫卡（Franz Kafka）所著的《城堡》與《審判》，或是法國作家薩繆爾・貝克特（Samuel Beckett）所寫的《等待果陀》，都不斷地向我們抛出自古以來的疑問。在這些作品之中，我對伊塔羅・卡爾維諾（Italo Calvino）所寫的《樹上的男爵》情有獨鍾。

在日本方面，這個故事母題之中的「河川」常被比喻為三途川（冥河）。須佐之男發現從河川上游流下來的筷子，或是在桃太郎的故事之中，桃子從上游漂流下來，以及一寸法師以碗為船，筷子為槳，在河川之中划行的故事，恐怕都屬於三途川的「河川母題」。

在佛教的世界裡，則有所謂的二河白道，「現世」與「彼世」被兩條大河分開，而歌舞伎的《妹背山婦女庭訓》或是落語的《頭山》的原型都暗藏著二河白道這個模式。此外，淨瑠璃寺這類足以代表日本的寺院常在東方的藥師塔與西方的阿彌陀堂之間設置心字池，而這種配置完全就是「河川母題」的分支之一。

若將三途川移到天上，就會變成阻礙牛郎與織女相會的銀河。這類情節也在日本的天稚彥傳說出現，也就是瓜於銀河漂流的版本，而這個版本也成為《瓜子姬與天邪鬼》的「新故事母題」。

如果是再繼續延伸，位於中央的這條線也可以是坡道。以日本神話而言，這條線可以是將世界一分為二的黃泉比良坡，而伊邪那岐與伊耶那美的故事也因這條坡道而進入高潮。在逢坂山的蟬丸物語或是以足柄山或大江山為舞台的坂田金時物語，抑或湯瑪斯・曼的《魔山》以及美國作家海明威（Ernest Hemingway）的《乞力馬扎羅的雪》之中，這條坡道便成為一座山。此外，坡道或是山峰若是象徵性的山丘，那麼英國作家艾蜜莉・勃朗特（Emily Jane Brontë）筆下的《咆哮山莊》就也能套入上述的故事母題之中。

此外，不容忽視的是從「故事母題」衍生的語言體系或官方語言。

比方說，不是先有英文才有《亞瑟王傳說》，而是《亞瑟王傳說》轉換成英文，英文才得以完成，再者，不是先有法語，才有《羅蘭之歌》，而是《羅蘭之歌》造就了法語。

日文也有相同的現象。一般認為，日語是在傳述《平家物語》的過程之中形成的。各位只需要記住日文這套系統大概是在《太平記》的口語化為文字之際成形即可。在這段成形的過程中，當時的真言密教學僧也設計了「伊呂波歌」以及「五十音圖」。

若是說得再簡單易懂一點，是先有「一條河川造就兩個世界」的故事概念，才有許多為了解釋這條河川以及故事概念的詞彙出現。一如 river（河川）這個拉丁語逐步發展成英文的 rival（競爭對手）這個詞彙。

所謂的rival顧名思義，就是位於河川兩岸的競爭對手。若以日文的例子來看，サキ（saki）這個詞彙的語源為裂ける（sakeru），而這個意思為「分開世界」的サキ又陸續衍生出「サキ」（先）、ミサキ（岬）、サク（柵欄），或是サカ（坡道）、サク（綻放）、サカリ（最興盛的時期）這類詞彙。

由此可知，「故事母題」以極單純的構造建立了起點，而在我與共同研究者的分析之下，這種「故事母題」的種類其實不多，最多只有十幾種而已。

正確來說，在此介紹的「河川母題」應該稱為「邊界母題」，而這類母題還有「往返母題」、「應答母題」、「遺失母題」這些種類，編輯工學的故事結構系統都包含了這些母題，也於兒童專用的學習程式應用（細節容我保密）。

此外，從這些母題流出的「筋」（母題的走向）也只分成幾種基本類型，數量並不多，在此也不打算多做說明（因為也是機密），但只要知道分成「同時型」、「延遲型」、「痕跡型」、「相似型」、「階層型」這幾種，應該就足以說明故事的腳本。

構成故事的元素有哪些呢？簡單明快地拆解故事之後，大概可以知道，故事是以下列五種元素組成。

世界模型（世界構造）
故事（腳本、劇情）
場景
登場人物
旁白者

大部分的故事都具備這五大元素，就算真的有缺少某個元素的故事，也通常只是為了隱藏該元素的資訊而已。

第五個元素的旁白者有助於理解故事的本質。話說回來，故事並非一開始就是文字形式，荷馬史詩、琵琶法師或是遠野物語最初都是以口頭轉述的方式流傳。因此，故事的起源總是有旁白者的身影。即使是近代小說，情況也完全一樣，故事總是以「口述」的角度進行。比方說，日本作家夏目漱石的《我是貓》，就是以貓咪的視線作為旁白的角度，而在《少爺》這本夏目漱石半自傳小說中，旁白者就是自稱「本大爺」的這號人物。故事的特色會因為旁白者的選任而改變，一如同樣面對一場戰爭，將軍與市民的解釋絕對大不相同。

由此可知，故事位於我們的資訊編輯深處。《群眾的反叛》作者奧德嘉．賈塞特（Ortegay

Gasset）將這點稱為「故事的理性」，但光是這樣，我們在應用故事的時候，很容易被故事本身的魔法所迷惑。

比方說，美國電影導演喬治・盧卡斯（George Walton Lucas）就透過故事的魔法製作了一系列《星際大戰》的電影。盧卡斯是本節開頭介紹的喬瑟夫・坎伯的弟子，他根據坎伯提出的英雄傳說的「母題」，也就是「啟程、試煉、歸返」的三階段假說，製作了《星際大戰》三部曲，而這個「母題」則源自祆教的善神阿胡拉・馬茲達與惡神阿里曼的對抗。

其實在文學的世界裡，這類故事多不勝數，一點也不罕見，只要是成為話題的作品，幾乎都帶有上述的特色。比方說，於一九八〇年代掀起話題的威廉・吉布森所著的《神經喚術士》，就是將祆教比喻為網路空間，他在一九九三年所寫的《虛擬之光》（*Virtual Light*），也是在未來的數位世界追求聖杯的故事。

3 發現編輯現實感

雖然是很久之前的事，但我在美國心理學家查爾斯・奧斯古德（Charles Egerton Osgood）的共通感覺實驗報告中，看到有趣的例子。

在他調查盎格魯美洲人、納瓦霍印地安人與日本人這三個群體之後，發現這三個群體有共通之處，例如對於「快速」有「淡薄、明亮、廣泛」的感覺，對於「沉重」有「下方、幽暗、靠近」的感覺，對於「寂靜」有「水平」的感覺，對於「吵鬧」有「彎曲」的感覺。

許多人都知道不同的民族與文化都有這類共通的感覺，就像大部分的人都知道全世界的嬰兒語都很相似，以及小孩子對電車這類大眾交通工具或是小動物、怪獸比較感興趣這件事。

以前我在讀《世界驚奇大百科》（暫譯，原書名『世界なぞなぞ大事典』）的時候，發現全世界有很多相似的謎團，這讓我非常驚訝，也讓我不禁感慨「原來如此，大家想的事情很類似啊！」這種共通的感覺，就是所謂的「編輯現實感」。

我們常將大地比喻為母親，將天空比喻為父親，而在日文之中，也有「鮮紅的謊言」或是「黃色的、嬌滴滴的聲音」，卻很少會將大地比喻為父親，也不會說成「黃色的謊言」。此外，若是說成「弟弟的土地」或是「黑色的聲音」，會突然出現某種很具體的印象。

某次我參加了一場派對，而當我對某位我以為是主客的來賓說「請站到中央」，沒想到對方居然跟我說「沒關係，我站在邊邊就好」。可見這種「邊邊」與「中央」的站位概念，對我們的生活造成深遠的影響。

我們對於顏色、位置應該都擁有某種共通感覺。這些共通感覺悄悄地進入了我們的社會體制，也對我們的習慣與制度造成影響。

文藝評論家加藤典洋提出的「大、新、高」假說，可說是直擊事物本質的見解。

「大」這個字很常在明治時代出現，例如明治大帝、大日本帝國或是大逆事件就是其中一例，到了明治時代末期與昭和時期之後，很常出現冠有「新」的說法，例如新思潮、新婦人、新日本、新感覺這類名詞，雖然昭和時期，「大」與「新」這類說法，隨著軍方掌權而變得混亂與濫用，但後來又出現另一股流行，也就是高級汽車、高度成長、高密度社會，這類冠有「高」的名詞陸陸續續出現。在這股流行之後，又出現中間大眾、中年社會、中流感覺，這類帶有「中」字的流行。

這些流行應該沒有所謂的串通之嫌吧？但這些流行的同步性，真的讓人不得不如此懷疑。其中必有某些相關性才對。我認為，這就是時代創造的「編輯現實感」。

曾有一段時間，流傳著一個謠言，說是在美國東海岸紐約的地下道，有巨大的鱷魚棲息，日本也有「裂口女」、「廁所的花子」這類傳說。

我蒐集了這些傳說之後，寫了《從墨西哥回來的寵物》（暫譯，原書名『メキシコから帰ったペット』）以及《充滿謎團的搭便車》（暫譯，原書名『謎のヒッチハイカー』），都市民俗學這個領域也順勢興起。獲頒三得利學藝獎的松山巖的《謠言的遠近法》（暫譯，原書名『うわさの遠近法』）是追查於明治到昭和時期流行的傳說或謠言的心血之作，作者在查明這些傳說或謠言的真面目之中，便在書中寫下「我總算知道謠言由另一個謠言包裝，再漸漸地包裝成故事的過程」。

接下來的例子雖然不甚貼切，不過有些人物或是店家會在某種因緣巧合之下，得到某位名人或某間名店的好評，也因此突然受到眾人青睞。就算你問這些人或店家，到底是怎麼得到關注的，通常也只會得到「其實我也不知道耶，因為我跟以前沒什麼不同啊」，不過，那些慕名而來的人肯定是感受到某種「編輯現實感」，才會紛紛湧至店家。

江戶時代中期，有位名為富永仲基的佛教史學者。他留下了《翁之文》（暫譯，原書名『翁の文』）與《出定後語》這兩本名著，他同時也是日本首位綜觀佛教史再加以批判的人物。他在著作之中寫了一些比較印度、中國與日本的內容，也得出印度的特徵為「幻」、中國的特徵為「文」、日本的特徵為「絞」的結論。

「原來如此！」聽他這麼一說我才有種心領神會的體悟，但我們仍不清楚是從哪裡得到這種妥當的感覺。然而，我們還是不禁點頭認同「沒錯沒錯，中國人的特徵是文，日本人的特徵是絞」。

和辻哲郎所著的《風土》也做了相同的比較。他認為，印度的特徵在於「未伴隨著意志的緊張的感情洋溢」，中國的特徵在於「意志的緊張與無感動性的共存」，而日本的特徵在於「堅忍服從的意志與情緒的變化」。至今我仍不知道這種意志與情緒的比較，為什麼能夠描繪風俗民情的全貌，但這種和辻哲學的確風靡一世。

下列這類情況也很常見：歐洲會用衣架將衣服掛起來，但日本通常會將衣服摺起來收納。因此歐洲屬於「吊掛文化」，日本屬於「摺疊文化」。

這裡也有讓人乍看之下，有類似感覺的例子。雖然我在說明日本文化時，不會舉這種例子，不過這種「編輯」卻適用於很多情況。「日本職業棒球的投手重視勝負（對決），美國的投手重視勝敗」的說法，也屬於前述的例子之一。勝負與勝敗看似雷同，但日本投手的確很常在接受採訪的時候回答：「我想要直接對決」，但美國體育作家羅伯特・懷丁曾如此寫道：「美國的投手絕不會說什麼想要『一球決勝負』」。

這種差異並非修辭上的不同。雖然我們不知道事實為何，但這種說法的確讓人瞬間認同，而這果然也是一種「編輯現實感」。

這種說法、修辭、謠言、好評、批評以及難以說明的感覺，其實很常於我們的日常生活出現。

我是以「編輯現實感」來形容這種感覺。前面也提過，「編輯現實感」又稱 editoreality，指的不是實際發生的事實或真實感，卻有一種莫名的現實感，是一種讓人不禁深陷其中，如幻似真的現實感。這種現實感當然與虛擬實境不同。所謂的虛擬實境終究只是在空間呈現現實對象的擬像論，並非這裡所說的編輯現實感。此外，日本作家乘越 TAKAO 在電腦小說傑作 *Apocrypha* 提到由電腦遊戲與電腦通訊技術打造的人造現實與日常的現實生活融合，並將這種現象成為「我們的新現實感覺」，但這也不是編輯現實感，而是更偏感官，更屬於編輯「合理性」的感覺。

我認為，對編輯來說，這種合理性（plausibility）扮演非常重要的角色。英文的 plausibility 是從拉丁語的「值得稱讚」衍生而來的詞彙，而「合理性」的確是讓人想稱讚身邊的人的性質。之所以會出現這種感覺，是因為不管是多麼精彩的編輯，還是多麼邪惡的編輯，都一定具備這種名為「合理性」，實為「編輯現實感」。如果排除這種編輯現實感，就只剩下元素、數值與資料，這樣就太過無聊。會利用數值或資料替模仿歌唱大賽評分也是無可厚非的事。

「編輯現實感」很難精準地定義，因為是超越精準的概念。不過，至少有下列三種特徵。

第一種特徵是，「編輯現實感」不具備主語性或是對象性。第二種特徵是，「編輯現實感」具有述語的性質，是以述語的形式串聯。第三種特徵是「編輯現實感」具有元遊戲的特性。這些算是有點棘手又難以理解的特徵。

在此透過簡單易懂的範例依序說明這三個特徵。

日文之中，有「結構」與「加減」這類詞彙，代表的是超越精準的價值觀，蘊藏著偏屬感覺的編輯價值觀。

以「結構」這個日文漢字為例，「それは結構ですね」（那個很棒耶）這句話，帶有肯定的正面回應。但是「もう結構だ」（已經夠了），則是帶有否定的負面回應。對關西人來說，這比較像是「蛤？所以是不要的意思嗎？」因此關西人比較常說「結構ですな」（好啊）。在這些說法之中，

一個清楚明白的意思都沒有。不過，光是這樣就足以達成溝通（尤其是在關西一帶），「加減」這個日文詞彙也有很多類似「結構」一詞的使用方式。比方說，被問到熱水夠不夠熱的時候，一句「いい加減ですね」（溫度剛好），就足以回答對方的問題，而此時的「加減」則屬於正面的訊息，反之，在對手有點得意忘形的時候說：「いい加減にしろよ」（你給我差不多一點），此時的「加減」則是負面的訊息。

或許可以這樣解釋。

「編輯現實感」內含「見當」（推測，conjecture）或「適當」（relevance）這種編輯的價值觀。而這也凸顯了既無主語、又無對象的奇妙特徵。

過去以「類體論」聲名大噪的數學家高木貞治曾說：「將 object 翻譯成對象，實在讓人摸不著頭緒，還不如直接譯成日文的『見當』」。

的確，數學的 object 並非對象，而是一種「推測」。此外，高木貞治還將「見當」一詞讀成「めあて」（meate，目標），將重點放在意義的延伸。就連數學也需要所謂的「合理性」。我對高木貞治的這番說法深表認同。「編輯現實感」也帶有「見當」或 meate 這種語境。

如果再說得深入一點，「編輯現實感」既無主體，也無主語，甚至沒有客體也無對象，只是存在於具有相關性的兩者之間的一種概念。此外，這裡還有一個屬於「編輯」的祕密。

如果以下列的角度思考，會得到什麼結果呢？

我們在判斷事情的動向或事件時，通常會先想到身處的環境或立場。公司或家人的事情會是話題的核心。如果是與自己息息相關的動向或事件，就會以主語的角度判斷。比方說，「我們的公司有這種問題」或是「這不是我的責任」就是其中一例。反之，若是與自己沒什麼關係的動向或事件，不是不感興趣，就是當成別人的事情看待。尤其年輕的世代會常說「那跟我沒有關係」或是「是喔，跟我無關」。

但如果是明明跟自己沒關係，但已經在周遭掀起話題的事件，就有可能會切換成既非主語、也非他人事情的態度。比方說，在面對前述的「紐約的鱷魚」或是「裂口女」的例子時，就是這種態度。謠言之所以會如燎原之火迅速蔓延，全是因為大部分的人都採取這個中間項（第三種）的態度。

這意味著，在面對事件或話題時，大多數的人既非主體（subject），也不是對象（object）。此外，這也代表大部分的人只具有將這些話題或事件從左手交給右手，或是從右手交給左手的媒介功能。

這種形同媒介的立場就是一種媒體特性，也是一種編輯特性，因為其中通常夾雜著許多避免責任、粉飾太平的編輯。

假設某個既非主語、也非對象的話題在某個社會之中被不斷編輯，在這個過程之中流通的資訊雖然會變成近乎真實的小道消息，卻也會離所謂的真相愈來愈遠。

「編輯現實感」的第一個特徵之所以會是不具備主語性或對象性，就是這個意思。報社或是電視台的新聞局、八卦節目往往都會採取這種態度。

不過，光是上述這些例子，只能局部說明「編輯現實感」。其實我們與這類動向或事件無關時，絕大多數的心態都是屬於這種「編輯現實感」。換言之，我們自己就是新聞或八卦的一部分。接下來讓我們稍微再思考一下這個部分。

就歷史而言，將主體與客體一分為二的方法算是非常新的概念，也是為了因應近代社會力學而生的概念。

如果稍微回顧一下語言的思想史，就會明白這是什麼意思。因為在文藝復興或是巴洛克的時代裡，subject 與 object 之間的關係與現代的解釋完全相反。充滿未然性的「編輯現實感」可說是讓語言恢復成主體與對象一分為二之前的狀態的概念。

其實我編輯了十年的《遊》使用了 objet magazine 這個充滿法式風格的副標題，而我的內心深處也一直覺得，不管是 object 還是 objet，都無法只以事物、目的或對象這類概念解釋。

我之所以會有這種想法，全是因為波普藝術泰斗法國藝術家馬塞爾杜象（Marcel Duchamp）對於 objet 一詞進行了精湛的編輯，也給了編輯工學極為重要的提示。

話說回來，object（客體）這個字的語源 objectum 是對 subject（主體、主語）投影」的意思。在中世紀的經院哲學之中，那些無法從外側得知，只有神與人才能感受的內容就稱為 objectum，所以 object 並非位於 subject 之外的東西。

在近代哲學之中，一直到英國哲學家約翰．洛克（John Locke）的經驗主義為止，都還看得到使用 objectum 的例子。比方說，確立近代自我論的勒內．笛卡兒就將 realitas objectiva 解釋為「投影於觀念的表象」，是與現實的存在對抗的東西。

不過，在洛克之後，觀念就是內心的客體這件事雖然沒變，但是，觀念之外的對象也被稱為客體，客體的概念也與主體愈離愈遠。讓這點成真的便是伊曼努爾康德。康德預設意識的「外側」有未知的物自體（Ding an sich），所以自康德之後，主體與客體就一直是各自獨立的狀態。

若問這一連串的變遷給我們哪些暗示，那就是有關思想的各種科學會依照自己的思辨或是體系的需求，拆散原本緊密結合的主體與客體。

不過，這並非刻意拆散主體與客體，兩者緊密結合反而才是好事。我透過「編輯現實感」這個詞彙說明的「間」，就是這個意思。我們的「編輯現實感」與報紙與八卦節目創造的語境，或是紐約的鱷魚、廁所的花子這類傳說或八卦吻合的這件事，也在在告訴我們，我們的心中還保有主體與客體尚未分裂的「中世紀感覺」。

對許多人來說，聖女貞德是以「奧爾良的少女」的身分成為話題。我真的很想沉浸在那中世紀的編輯現實感之中。八卦節目的觀眾通常也沉浸在八卦節目的編輯現實感之中。

不過，要讓主體與客體合為一體，就需要應用「資訊編輯」這個觀點。

奧地利動物學家康拉德．洛倫茲（Konrad Zacharias Lorenz）也曾經引用過這個觀點，而在生物的世界裡，連草履蟲這種原始的動物都知道，要讓自己這種主體面對客體時，雙方「互相衝突」是最好的方法。雖然草履蟲這種主體與誘餌這種客體是不同的實體，但是草履蟲應該知道，必須在自己的體內編輯誘餌的資訊，讓資訊滲透全身。

順帶一提，object的語源為拉丁語的objicere，而objicere有「撥開」的意思。草履蟲在前進的時候，客體（object）本來就是該被撥開的東西。不過，草履蟲卻故意往客體的方向前進。雖然這不過是一種捕食誘餌的行為，但如果是高等一點的生物情況就不一樣了，例如蝴蝶為了獲得花朵的資訊，青蛙為了獲得蟲子的資訊，人類為了掌握對象的情緒資訊，哪怕主體與客體兩相分離，也會讓主體與客體互相交融、浸透，產生交互作用。

以「花朵是女人嗎？男人是蝴蝶嗎？」這句歌詞開場的《花與蝴蝶》的主唱是森進一，而這首造成轟動的歌曲是由《假面騎士》的作者川內康範填詞，我也非常喜歡這首歌。我一直認為，這首歌應該排進日本歌謠史的前十名才對。雖然我的想法沒那麼重要，但這首歌的歌詞卻很符合生物學，而且富有哲學般的暗示。

花朵是女人嗎？男人是蝴蝶嗎？儘管花朵總是被蝴蝶親吻
花朵凋零之時，蝴蝶也跟著死亡，我想成為擁有這種戀情的女人
花朵盛開之時，蝴蝶跟著飛舞，蝴蝶死亡之時，花朵跟著凋落
為了於春天爭豔，花朵與蝴蝶都賭上了性命
花朵的生命雖短，蝴蝶的生命也轉瞬即逝
花朵凋零之時，蝴蝶也跟著死亡，我想成為擁有這種戀情的一對戀人

（JASRAC 第 0016874-001 號）

這歌詞所言極是。花朵是女人，男人是蝴蝶，蝴蝶與花朵在一命相依的關係之中，透過資訊的交互作用彼此連結。

這就是謠言得以散布的關鍵，也是前述的共通感覺，能夠在不同的民族與文化萌芽的原因，更是我們懂得使用「加減」或「結構」這兩個詞彙的理由，也是「編輯現實感」的編輯文化陸續出現的理由。

編輯現實感的第二種特徵是具有述語的性質，而且以述語的形式串聯。這是個有點難懂的問題，所以讓我們透過簡單的例子說明，大家也可以順便了解編輯工學可於何種課題應用。

於量子力學開創新時代的美國物理學家戴維・玻姆（David Joseph Bohm）進行了一個有別以往的語言實驗。這個實驗的內容是「打造只靠動詞進行認知與分析的表現方式」，也是讓思考不會主客分離的實驗。

玻姆認為歐洲的科學過於傾向還原論，將事態分割成原子，最終只會拆散主語與對象，因此玻姆不將事態分解為元素，也將避免主客分離的文法命名為「流動模式」（rheomode），認為只要是適切的動詞就能同時保有主體與客體。簡單來說，他想提供一個光是述語的串聯就得以進行思考的模型。

以下是相關的例子：

以 video 這個詞彙為例，這個詞彙的語源為拉丁語的 videre，也就是「觀看」的意思，因此創造一個 vidate 的新單字，再賦予這個單字「所有的認知都是觀看」的意思。

接著讓這個新單字衍生出 re-vidate 這個動詞，並且適合（relevant）使用這個詞彙的文脈時，說成「re-vidate 就是 revidant」的意思。如此一來 re-vidation 這個新詞彙就能說明主體對客體的認識得以延續的狀態，反之，irre-vidation 則代表主體與客體因為奇怪的幻想介入而不同步的狀態。

如果再導入 vidation 這個名詞，就能實現洛倫茲或杜象追求的「認知與呈現方式融合的狀態」。接著讓我們再思考 divide 這個動詞。這個詞彙是在 videre 加上代表「分離」的 di 所組成，意思是「分離之後，忍不住盯著看」。接著讓我們試著思考從這個單字衍生的 di-vidate 與 re-dividate。

從這個趨勢來看，在接下來很可能出現的 re-dividation 的這個詞彙擁有保留所有資訊的特性。而當我們試著創造 dividation 這個詞彙，應該就不會失去與 vidation 之間的相關性。

以上是創造詞彙的遊戲，卻不僅止於遊戲。

這個遊戲應用了語言發展的法則，也暗示了在語言內部製造大量矛盾的流程該如何迴避，而這就是「透過述語化產生詞彙」的過程。

奧地利哲學家維根斯坦（Ludwig Josef Johann Wittgenstein）曾直言「我的語言的極限，就是我的世界的極限」，這也暗示著只有語言遊戲是思考的唯一成果。所謂的語言遊戲，就是透過述語的相關性描述世界的方法。維根斯坦曾寫道「隸屬於某種語言遊戲的事態，就是某個文化的全貌」。此外，他還如此寫道「在『～是的』的這種語言之中，人類是一致的，但所謂的一致並非意見的一致，而是生活型態的一致」

近年來十分流行的饒舌也進一步強調了人類的感覺與思考透過述語的語言遊戲連接這點。「East End×Yuri」這個日本嘻哈團體的饒舌歌曲《DA、YO、NE》的開頭唱道：「或許到了那時候，能說的只剩下『對吧』」，接著就出現一堆沒有主語的歌詞，例如「所謂的國產，是在說日本人對吧？你也是對吧？」「啊，我染成金髮了，但五官還是日本人，對吧？」「有手機有什麼好得意的，不過真的很想要手機，對吧？」這些歌詞從頭到尾，都以「對吧」（dayone）串聯而已。

在編輯工學的世界裡，很重視所謂的「述語」。

這是因為編輯工學重視形容的編輯性，更甚於分類的編輯性。所謂的述語性不是以「〜か」（〜嗎？）連結，而是「〜だ」（肯定的語尾）連結。

德國邏輯學家戈特洛布・弗雷格（Gottlob Frege）曾建立了概念文字（Begriffsschrift）這個出類拔萃的編輯工學式概念，他不把邏輯視為詞語的意義，採用了從詞語的外部觀察的外延方法。這位弗雷格曾在邏輯學提出「述語擁有與函數一樣的功能」的主張。我之所以會對「述語性」有興趣，就是因為他的這項主張。在邏輯學的領域之中，這種主張最終發展成述語邏輯學。

弗雷格之所以會注意到述語，是因為他發現邏輯之中有所謂的「不飽和物」。這是非常了不起的「發現」。弗雷格又說「所有構成思想的部分不能是完結的，至少其中一個必須是不飽和的狀態或是述語，否則這些部分就無法彼此緊密結合」。

編輯工學對於「述語」的喜愛源自弗雷格，以及西田幾多郎對於述語邏輯的考察，也就是所謂的「西田哲學」。

要在本書說明西田哲學，恐怕並不容易，但西田哲學提出極為重要的主張，所以在此介紹些許箇中精華。西田幾多郎提出以「無」為媒介的述語邏輯是成立的這個論述之後，便如此寫道：「所謂的判斷，其實就是述語包納主語的過程而已。」

這是在強調相對於「特殊」的主語，述語極為「一般」這件事。因此得出人類的知識是由這種極為「一般」的述語無限重疊而成的結論。換句話說，人類在自身底層的「述語面」串聯所有的意義。西田將這種情況稱為「述語的統一」或是「逆對應」，也得出「意識的範疇藏於述語性之中」這個鞭辟入裡的結論。

我之所以常說「編輯工學重視述語性」，就是這個原因。乍看之下，我們似乎是透過強調主語獲得思考的主體，卻也在這個時候失去編輯能力。正確來說，當述語成為主體，優異的編輯能力才能發揮作用。

雖然弗雷格的邏輯學與西田哲學察覺述語性有孕育「關係的邏輯」這項功能，但其實一般的少年都常常這麼做。

比方說，有一位少年特別喜歡整把釘了、自行車與足球，而當這些東西呈現「運作」、「擺在原地」，或是「喜歡的」這類被「拋出」的狀態時，簡直就像是述語般的連結。也就是以「對吧」

連結的情況。不過，當少年的自我成形，這些述語般的連結就會慢慢斷裂，少年也成為重視主語與主體性的青年。

不過，這種「主語性的自己」在生活或是人際關係上，反而是一種阻礙。比方說，一旦陷入初戀，立刻就會明白這種「主語性的自己」有多麼邪惡。結婚之後，「主語性的自己」也是一種障礙，因此我們不時會想擺脫這種「主語」。

弗雷格與西田哲學將這種誰都知道的事情稱為「述語化」。

接著，「編輯現實感」的第三個特徵是具有元遊戲（Metagame）的特性，而這又是什麼意思呢？《哥德爾、艾舍爾、巴赫》、*Metamagical Themas* 的作者侯世達（Douglas Richard Hofstadter）非常擅長這種編輯工學的元遊戲，所以就讓我們透過他的例子說明這第三個特徵。

以英語為母語的人在看到 slithy 這個單字時，有時會陸續聯想到 slimy、slithery、slippery、lithe、sly 這些單字。我的母語不是英文，所以我無法判斷是真是假，但似乎真有其事。在這個過程之中，到底發生了什麼事情呢？

侯世達認為在這個過程潛藏著所謂的**印字遺傳學**。當我們的「單字目錄」與「影像字典」彼此對照之後，就產生了所謂的**印字酵素**，從中會產生一種形成立體構造的「規則群」，而在規則群的這層上方，排列著剛剛一連串聯想到的單字。

此外，在這些單字的排列方式之中，藏著自我指涉（self-reference）的意向。侯世達認為接下來要像是玩遊戲般，一邊對照著印字遺傳學的編碼，一邊試著呈現模具在經過鍍膜之後，會出現何種自我指涉的怪圈（Strange Loop）。

侯世達的這個暗示告訴我們，在語言的連鎖之中，藏著難以察覺的自我指涉的怪圈。這就是第四章提到的「資訊的自生系統進化為自我編輯」，這也是另一種方式說明資訊會不斷地假設「自己」與編輯自己的方式，也是很有趣的說明。其實這就是所謂的元遊戲，也就是雖然不會越出表現的範圍，但在思考與想像的背後，不斷地建立「資訊自我」的遊戲動向，以及元層次（meta-level）的遊戲性。

我記得應該是一九八二年的事情吧，於美國首度舉辦的馮紐曼競賽（John von Neumann contest）出了下列這種問題：「請以簡單易懂、長度適中的自我指涉句，列出自己的零件以及零件的組合方式。」

要回答這個問題就必須自行降至元層次。編輯工學也有這種降至元層次的部分。

我曾經一臉得意地告訴每個人「月娘將自己放進口袋之中慢慢走」這句從稻垣足穗的《一千一

秒物語》的句子，因為這個句子真的是再美妙不過的自我指涉範例。

我們都知道，事實上不可能有這種月亮。儘管如此，這個句子還是營造了這種月亮似乎存在的氛圍，也就是營造了編輯現實感。我們都是在元層次彌補這種「不飽和」之處，也在此時體會「編輯現實感」。

我們有時候必須沉浸在這種自我指涉句所營造的元遊戲。有時候，思考必須回到元遊戲，這是因為思考有時沉浸在美妙的矛盾之中，這純粹是因為我們會有想要得到「編輯現實感」的時候。

即使如此，主體性真的是極其無聊的東西。

主體性總是不由分說地裝腔作勢，不肯讓對手占半點上風，更糟糕的是，總是得對主語的首尾一致性畏畏縮縮。明明早在幼年時期或是初嘗戀愛滋味的時候就已經得到這類教訓才對，但是卻不由自主地形塑了具整合性的自己。

我們是充滿糾葛與矛盾的生物，我們的心中有許多「彷徨」與「紛擾」，可是我們不能只有這些，所以才接受了不合邏輯的「推測」與「適當」。

若是從「對外的我」的這個角度來看，這樣很像是人格分裂，我們通常會因此而驚惶失措，也會往首尾一致性的方向調整自己。社會與公司也都會要求我們這麼做。但是，如果我們不這麼做，反而往充滿糾葛、矛盾與不飽和的「深處」走去，又會發生什麼結果？所謂的元遊戲，就在這個「深處」等待的「專屬自我的編輯遊戲」。

以上就是本節一邊說明「編輯現實感」這個詞彙，一邊強調編輯工學「沒有主體性」這件事的內容。

這個結論令人意外嗎？我覺得不會，因為前面已經提過，我們已經從「自由編輯狀態」的訓練踏上名為編輯工學的旅程。

第六章

方法的未來

1 電子之中的編輯

我們已被數不盡的 3C 用品包圍。

例如工作站、電腦、文書處理器、傳真、電子萬用手帳、影印機、錄影機、數位相機、行動電話，只要能靈活地使用它們，就能有效率地完成許多作業與溝通，而且電視肯定會與這些東西建立互動性。不久之後，電視將成為個人媒體以及追求知性的文具。

過去的文房四寶為筆、墨、硯、紙。

我二十幾歲的時候，透過中田勇次郎的文房清玩論細細閱讀了明初曹昭的《格古要論》與萬曆年間的屠隆所著的《考槃餘事》，也因此對文人的思維以及生活型態產生憧憬。之後又接觸了北畠雙耳的《硯石學》，才深深地嘆了一口氣對自己說「原來文具的世界也如此深奧啊」，之後又讀了長尾雨山的《中國書畫話》，因此對文人產生了興趣，差不多在十四、十五年之前，開始涉獵祇園南海、池大雅、賴山陽以及江戶文人的作品，最終在幸田露伴畫下這趟文學之旅的句點。

文人是於知識嬉遊的人，而這種嬉遊讓人欲罷不能。尤其露伴總是細心地將所謂的知識分植於精心設計的故事之中，藉此與將知識放進畫作的氛圍之中的富岡鐵齋分庭抗禮，我也從中接受知識的薰陶。

不過，在進入近代之後，文具的型態出現了一大轉變。早在明治時代，日本小說家二葉亭四迷就率先提倡筆記本的功用，但隨著電話普及之後，先一步向外擴張的是鋼筆文化，緊接著運用銀板照相原理的相機問世，也一舉掀起設備更新的風潮。於一九〇〇年參訪巴黎萬國博覽會的竹內棲鳳對歐洲的照片明信片展露極為濃厚的興趣，返回日本時，還帶著攝影師一同風景寫生，文具也因此加速蓬勃發展。

在歐洲方面，除了有上述這些文具之外，打字機也已經問世，不管是在西班牙戰線或是在吉力馬扎羅山的山腳下，只要有一台打字機，作家就能盡情寫作。美國作家葛楚・史坦（Gertrude Stein）和美國書商西爾維婭・畢奇（Sylvia Beach）這兩位女性，在巴黎的街角開了間讓知識如花盛開的「莎士比亞書店」，而上述與打字機有關的故事，只需要讀了這間莎士比亞書店的記錄文件了解來龍去脈。美國作家喬伊斯・歐茨（Joyce Carol Oates）、法國作曲家艾瑞克・薩提（Eric Alfred Leslie Satie）或法國詩人尚・考克多（Jean Maurice Eugène Clément Cocteau）都曾在這間書店使用過打字機。

不過，最具時代意義的文具革命絕對非錄音裝置與影印機的問世莫屬，因為如此一來，「聲音就得以被記錄下來」，而且也不再需要耗費人力「抄寫」，這絕對可說是讓「編輯的歷史」為之變貌的一大事件。我在進入早稻田大學法國文學科的第一天，大家在課堂上自我介紹的時候，就有一位同學對著大家說「我打算用錄音帶錄下我的聲音，再用這個聲音奪下芥川賞」，頓時引得大家哄堂大笑，但其實這根本不是值得一笑的事。

就某種程度而言，錄影帶也是編輯革命最前線的武器。這是韓裔美國藝術家白南準（Nam June Paik）曾告訴我：「我要透過錄影帶讓白川靜的世界渲染全世界。」白川靜的世界就是透過漢字解讀世界的方法。我雖然對這番話深表感動，但可惜的是，白南準後續的作品並未出現任何和白川靜的世界有關的內容。

就在這個時候，某種能輕易擊潰上述文具的電子文具橫空出世。那就是蘋果公司推出的MAC（麥金塔電腦）。

MAC是由桌面比擬（Desktop Metaphor）與多視窗（Multi Window）打造的個人電腦，主要的用途是為了讓每個人都能在書桌編輯資訊。我在體會到這個方法的無限可能之後，便在心裡暗自折服地說道：「嗯，這機器實在太厲害了。」同樣的事情也發生在我的朋友身上。我在某天夜裡，一個人在辦公室悄悄地把玩MAC之際，從未碰過個人電腦的平面設計師戶田TUTOMU

剛好來辦公室玩，而他在看到這台MAC之後大為驚豔，隔天便拿出所有存款，買了一整套的MAC。

不過，我們兩個其實不大清楚這台MAC能帶給我們什麼。

比方說，桌面比擬是一種能在電子桌面隨意開啟檔案或資料夾，再以多重視窗的方式在電子桌面開啟多張資訊表的優異創意。更讓我佩服的是，這些檔案或是資訊表的資訊，可透過滑鼠隨意剪下與貼上，如此一來，就算有時間上的落差，我也能透過滑鼠實現原本只於我的大腦之中存在的編輯流程。

美國計算機工程師比爾．艾金森（Bill Atkinson）發明的Hypercard也讓我驚豔。就算這套系統的速度不及大腦的運作速度，但這絕對是一套能幫助我追求「資訊的相互編輯性」的工具。MAC這套個人電腦透過使用者介面這項劃時代的設計，徹底克服了早期電腦的所有問題，還讓文具的歷史出現一百八十度的轉變。

不過，仔細想想，我對MAC也有一些不滿。

我之所以覺得是時候推動編輯工學，也是因為對MAC有所不滿。

比方說，當時的我隱約覺得，桌面比擬這種創意有其極限。一如前章所述，在我們的資訊編輯過程中，通常會使用所謂的「世界」，也是一邊將這個「世界」當成提示，一邊編輯資訊。若從這個觀點來看，就不難發現桌面比擬這個概念有所謂的極限，因為桌面比擬這項概念無法在電子桌面創造「世界」（世界模型）。

關於這點，我曾與艾倫・凱（Alan Curtis Kay）確認過，但ＭＡＣ終究是以近代的自己為理想的前提所設計，簡單來說，就是讓每個人都能從一張白紙出發，並且在自行累積檔案、資料以及讓 hypercard 這套超媒體系統更加充實之後，實現隨心所欲的編輯。這意味著，ＭＡＣ是為了讓每個人都擁有專屬自己的起點所打造的個人電腦。

雖然這個出發點不錯，但我們不可能在資訊之前變成一張白紙，正在編輯的資訊應該早就被拋在我們面前才對，所以若能發現從這種正在編輯的狀態起步的電子文具是再好不過的事，不過，ＭＡＣ卻沒有這種觀點。

比方說，有和歌這種編輯方法。

和歌是於萬葉集與古今集的時代臻於完善的編輯方法，只要徹底了解萬葉集與合今集之中的世界，就能隨心所欲地照著自己的節奏編輯資訊。

首先要說的是，枕詞（和歌的修辭）與歌枕（和歌的題材）擁有絕佳的加密式傳輸協定能力。「垂乳根」（たらちねの）這個密碼勾勒出「母親」這個資訊叢集，點擊「久方」（ひさかたの）這個詞彙，就會跳出與「光」有關的資訊。

近五百多種歌枕都擁有無與倫比的功能。比方說，「宇治」這個歌枕就能在背景模式之下，呼叫網代那命運多舛的人生，還能營造籠罩著川霧的氛圍，甚至能讓「憂心塵世」（世を宇治山）的虛無感化為表象。

無獨有偶，「明石」（akashi）這個歌枕當然是指兵庫縣明石海濱這個實際存在的場域，也是一種圖示，代表著準備乘船出海的人的心情，若從時間的角度來看，「明石」也有「塵世澄明」（あかし）之意。這些枕詞都透過「緣語」（修飾的詞彙，具有聯想與對照的作用）連結。換言之，玻姆所說的流動模式（rheomode）就藏在枕詞之中。

和歌也有以更大的框架模式（schema）處理資訊的機制。以《萬葉集》為例，就是長雨（nagame），古今集則是思念（omohi），只要能使用這兩個詞彙，就能將作者的視野在固定的框架之中這件事，正確地傳遞給讀者。

此外，在編輯和歌時，「花鳥風月」或是「雪月花」這類資料庫早已完備。只要使用這類資料庫，就能隨時取得季節、月份、習俗、名勝的資訊。這可是很了不起的事情。在大多數的情況下，「花鳥風月」都是代表日本的濕氣或是自然風土的代名詞，但這裡的「花鳥風月」可不是這種半吊子的意思。要想了解花鳥風月的機制，就得了解「古今傳授」的流程，從了解蘊藏其中的名勝資訊系統的步驟開始，接著學習所有歌語與緣語的應用方法（簡單來說，花鳥風月就像是一種程式語言），最後再透過古今吟唱和歌的心境製作和歌。

換言之，花鳥風月就是掌握日語程式系統本質的系統。

可喜的是，在這個系統之中，已經有 sorohi 與 kisohi 這類系列化的「卡槽」或是「儲存庫」。以「櫻花」為例，這個詞彙其實也暗指了秋天的「紅葉」，所以在藤原定家的「放眼望去，既無盛開的花朵，也沒有美麗的紅葉。有的只是海邊的漁師小屋，啊，秋天的黃昏真是寂寥啊」（《新古今和歌集》秋上三六三）這首和歌之中，雖然無法在海邊看到「櫻花」與「楓紅」，卻以象徵的手法描繪了櫻花與紅葉的景色。

除此之外，和歌也可能被引用。不管是哪種和歌，都可以抄寫在屏風上面，或是植入漆器首飾盒的蒔繪（裝飾的圖案），也有可能於謠曲的某一節引用，甚至可以成為和服的圖案。

雖然我是謠曲（能的腳本）的擁護者，但在謠曲的某一節引用和歌，等於是在只有幾分鐘的謠曲的一節之中塞進大量的資訊。

這豈不是非常優異的類多媒體資訊編輯方法嗎？而且不管要製作的是哪種和歌，和歌資訊系統都會先行啟動，因此，和歌絕對不會從一張白紙的狀態開始。

換句話說，「萩」這種資訊可成為和歌、紙門上的畫作、屏風、和服的圖案、謠曲之中的光景與蒔繪，也不禁讓人覺得，這或許是因為這種方法擁有類多媒體資訊構造。順帶一提，光是「萩」這筆知識，至少蘊藏了幾十個暗喻。

假設上述一切屬實，那麼該開發的不是MAC的桌面比擬系統或是視窗系統，而是該開放「古今集比擬系統」、「歌枕比擬系統」，或「書院調度比擬系統」、「數寄屋比擬系統」這類電子文具才對。

另一個我發現的極限是，個人電腦以及相關的軟體都有「故事不足」的問題。

關於故事是擁有何種功能的資訊編輯樣式這點，前一章已大致說明過。故事具有所謂的「母題」，只要使用母題這個共通構造，就能進行故事型的資訊編輯作業，而且從小學生的日記到上班族的業務企畫都屬於故事型資訊編輯作業的一部分。或許連SIS這套戰略資訊系統也可能透過故事型系統重組。

個人電腦沒有這種故事型的構造。

利用電腦處理故事時，不該以樹狀結構或是試算表處理資訊，而是必須相信「知識可於故事結構之中顯示」這點，並將這點設定為起點。

簡單來說，故事就是不斷重複5W1H（何時〔When〕、哪裡〔Where〕、誰〔Who〕、什麼

〔What〕、為何〔Why〕和如何〔How〕〕的一連串事件，所以建立數個與這一連串事件有關的動態模型，再根據這個模型編輯資訊即可。也就是建立數個「一刮大風，賣木桶的人就會大賺」這種類似蝴蝶效應的模型即可。

話說回來，製造商或是軟體開發商不大關注這種開發思想。這是為什麼？答案是因為前方有一個大阻礙擋著。

一如第一章的「資訊總是彼此串聯」所述，人類與電腦之間，有一條難以消除的鴻溝。當今的電腦化概念的確無法消除這條鴻溝。在這條鴻溝之中，有馮紐曼瓶頸這個高牆擋在前方。這是參照資料的線路全集中於一處所造成的瓶頸，所以導致無法進行多工處理。

話說回來，儘管有蝴蝶效應這種主軸，在故事的進行途中，總是會有多條分支並存，也會變得愈來愈複雜，而電腦無法充分呈現這點。

不過呢，其中是有捷徑的。無法多工處理的馮紐曼瓶頸可以保持原狀，只需要想出新的設計與介面，就有可能打造「敘事型電腦」或是「敘事型導航器」。

一般而言，電子文具的開發會著重於什麼（What）與如何（How）的部分，這也是現在的開發者「打從心底的願望」。

以汽車的開發為例，使用者眼中的What（要做什麼）是透過自動駕駛立刻實現How（該怎麼做），所以駕駛者可只需要操控方向盤、油門與煞車，就能隨心所欲操控汽車。

我也希望電子文具能做到這個地步。不過，電子文具的What與How之間，有兩個演算法擋著，讓What與How無法互相接近，這兩個演算法就是「人類的演算法」（思考）與「電腦的演算法」（計算）。

問題、目的（What）

↓

人類的演算法（思考）

↓

電腦的演算法（計算）

↓

執行程式（How）

就是上述的順序。大部分的電腦都是這個流程。不過，在這個流程之中的「人類的演算法」與「電腦的演算法」之間，有一條不容忽視的「鴻溝」。從事電腦相關行業的人也設法消除這條鴻溝，但這條鴻溝實在棘手。話說回來，這條「鴻溝」的真面目是什麼？其實就是所謂的「知識」。

只要仔細想想就會發現，知識擁有完全矛盾的兩張臉孔，其中一張臉孔讓我們與世界分離，但如果能得心應手地運用這個知識，就保證讓我們與世界結合，這也是知識的另一張臉孔。

其實這也是很棘手、很難解決的問題。比方說，如果擁有園藝知識，通常能把植物照顧得很好，但就算擁有植物的知識，也不見得能成為園藝專家。這就是知識的兩張面孔。

不過，如果「那是什麼東西？」（What）的這個提問，能與「那是可以如此使用的東西喲」（How）的方法連接，知識就能消除 What 與 How 之間的鴻溝。可惜的是，大部分的知識都不是這麼方便好用。更何況在電腦的世界裡，知識反而在我們與世界之間成為一條鴻溝，讓我們忍不住將知識當成數值處理。

但是當我們將知識當成數值處理，也只是讓知識更偏向「電腦的演算法」。在開發電子文具之際，必須先解決這個問題，要想盡辦法讓 What 與 How 兩相接近，所以才需要「知識編輯系統」介入其中。

解決的方法有三種：

第一種，就是將知識本身置換成演算法，另一個方法則是在傳遞知識、處理知識的方法導入讓「人類」與「電腦」和解的作業系統與介面，第三種方法則是將知識的架構直接植入兩個演算法之間。

MAC實踐了上述的第二種方法，也就是在知識的操作方式施加了魔法。MAC的確是締造了莫大的成功，但前面也說過，這麼一來，就忽略了某些功能。第三種方法則是編輯工學正在嘗試的方法。

第一種方法是人工智慧型的知識工學或軟體工學的嘗試。初期的編輯工學也是以這個方法為起點。

若以非常入門的方式說明這個方法，那就是在知識工學的世界裡，是以「知識庫」（knowledge base）與承載於「推論機構」（inference engine）的部分知識，分頭處理知識。之後再以具有「if（條件）～then（結論）」這類格式的製造工具處理知識庫的知識單位，以及透過擁有「and（並且）～or（或是）」這種格式的模組處理推論機構的知識單位。

這個方法並不差，但是會讓知識有所限縮。一如第四章的「編輯技術母體」所述，知識是橫跨多個領域的東西，而在處理知識的人工智慧與知識工學的開發與研究之中，只有能透過機械顯示的知識會被當成知識處理。大家看了下列的表格應該就知道這是什麼意思了。人工智慧或知識工學只能處理下列五種知識之中的 a、b、c。

a 屬於事實的知識（概念對象、科學事實、客觀事實）
b 屬於判斷的知識（經驗方面的知識、熟能生巧的知識）
c 源自推論的知識（在透過各種判斷從事實導出結論之際產生的知識）
d 排除的知識（在推論之際或是進行其他判斷時，排除或保留的知識）
e 融合的知識（在人工智慧啟動之際仍各有特色，但在一步步進行處理之後，捲入其他知識而膨脹的知識，或是範圍萎縮的知識）

在人工智慧或是知識工學的世界裡，將 a 與 b 視為知識庫的部分，c 則是由推論機構處理，至於 d 與 e 則不予處理。

而且在這時候放入電腦的知識體系分成宣告型知識（declarative knowledge）與程序型型知識（procedural knowledge）。

所謂的「宣告型知識」是指一看就懂的知識，比方說，歐姆蛋與荷包蛋一看就知道是什麼東西。反之，「程序型知識」則是歐姆蛋或荷包蛋的製作方式。不管累積多少程序型知識，也無法達到宣告型知識的地步。不過，該處理的知識與運用這類知識的程序之所以會分成兩塊，全是在電腦的主導之下造成，這是因為對大部分的人來說，「歐姆蛋等於製作方法」。

另一方面，編輯工學之所以會嘗試第三個方法，是希望一邊擴張知識的實用性，一邊改變知識的使用方式。這個方法的前提是「物件導向程式設計」。

物件導向程式設計主要是將 Smalltalk-80 當成程式語言使用，將知識（在物件導向程式設計稱為資料結構）與程序融為一體的方法。對編輯工學而言，這是相容性非常高的方法之一，也從這個部分另闢蹊徑。

這裡的物件是指「與自己有關的知識」或是擁有「本身內部狀態」的資訊單位。因此，在物件導向程式設計的世界裡，不會將所有的資訊拆解成元素，而是以適度的「單位大小」編輯資訊。這就是在前一章提到的「推測」。話說回來，這種方法雖然稱為「物件導向」，但其實只是在主體與客體之間插入縫隙而已。

以 2 ＋ 3 ＝ 5 的資訊為例，若以一般的方法處理，這筆資訊可拆解成 2、＋、3、＝、5 這五個元素，但在物件導向的世界裡，是以 2、＋ 3、＝ 5 的這種單位處理資訊。不是為了使用資料而另外設定程序，而是讓適合的資料結構與程序合而為一，藉此編輯資料。

比方說，眼前有「在東京，雨下個不停」（東京には雨が降っている）這個句子。在編輯工學式的物件導向程式設計之中，這裡的「在東京」（東京には）是前述「2＋3＝5」的「2」的部分，「雨」則是「＋3」的部分，簡單來說，不會以「雨・が」（雨這個主語）這種單位處理資料，而是以「雨が」這個單位處理資料。因此，「雨が」的後面只會接著「降っている」（正在下雨）或是「やんだ」（雨停了）。假設接在後面的是「降っている」（正在下雨），那麼只需要進一步細分下雨的狀態即可。

所以，就算是進一步說成「東京進入冬天之後，今天早上也淅瀝淅瀝地下起冷冷的雨」，或是說成「桐子在東京已迎來第五次冬天，今早依舊下著象徵桐子過去的冰雨，與正在冒著蒸氣的熱咖啡形成強烈的對比」，情況都是一樣，原則沒有任何改變。

這在開發者之間稱為「資訊隱藏」（information hiding），在編輯工學則是稱為「遮罩」（masking）的機制，也是讓資料與程序不會分離的方法。之所以稱為「資訊隱藏」，是因為某個模組的內部狀態被使用該狀態的另一個模組遮蔽。

若問這到底是什麼方法，那就是不將每筆資料視為知識表現，而是將某種「區塊」視為資料結構（capta），再將這種資料結構的「型」（編輯模式）當成編輯的對象，藉此透過能操作這種型的模組編輯資訊的方法。只有應用這種「型」，才能積極參與直到現在仍不斷提及的故事型資訊編輯作業。

其實我們在日常生活之中編輯資訊時，就會不斷地使用第一章提及的「單字目錄」、「影像字典」與「規則群」。

因此，在電子的編輯工學世界裡，會將這個「單字目錄」先分成「定義的詞彙」、「操作的詞彙」與「詢問的詞彙」。

定義的詞彙（Data Definition Language，ＤＤＬ）

操作的詞彙（Data Manipulation Language，ＤＭＬ）

詢問的詞彙（Database Query Language，ＤＱＬ）

至於這三個詞彙到底有多麼頻繁使用，請大家回想一下公司那又臭又長的會議，或是電視節目《討論到天亮》（暫譯，原書名『朝まで生テレビ』）之中的討論與糾紛。大部分的討論都提到這三個詞彙的出處。

其次是會分成「類別」與「實體」。所謂的類別是指「不需要再次分割的意義單位」（資訊單位），實體則是「一撰寫類別，就能立刻成為範例的資訊」。除此之外，還有資訊繼承了何種資訊的「意義繼承連結」。這個過程就稱為繼承（inheritance），這也意味著不管是哪種知識（資料結構〔capta〕都有外延性與內涵性，下層的知識總是繼承了上層的知識。

接著總算是透過互相套用「遮罩」的故事的「型」（編輯模式）設計資訊編輯系統。雖然在此無法詳談細節，但設計的關鍵在於如何讓各種「型」的資訊建立相關性。

編輯工學定義的關係線（link）也就是引導線如下。主要分成三種。

Navigational Link：移動連結、縮放連結、橫移連結、遮罩連結

Analogical Link：索引連結、隸屬連結、屬性連結、蘊含連結、執行連結

Editorial Link：階層連結、擴張連結、視點連結、背景連結、交換連結、報酬連結、條件連結

只要先布好這些「關係線」，大量的資訊就能與故事的「型」連結與運作。從上述的連結名稱應該可以發現，其中應用了不少電影的手法或是修辭的技巧。

沒錯。

說到底，**「編輯」就是資訊得到不同角色之後，從其他觀點同時演出稍縱即逝場面的過程。**

資訊是演員，系統則是舞台。而資訊這位演員不能只是意義單位，還必須是內建表演能力，

也就是具有操作性的模組。不過，在表演過程中，至少要有一個「故事」，身為演員的資訊才能按照這個故事表演。

這是因為故事與演員之間，有無數條「關係線」連著。不管是電影還是歌舞伎都有相同的構造，這種能夠避免憑紐曼瓶頸的故事型電腦系統可透過這種捷徑，開發次世代的電子文具。建議大家務必嘗試這個方法。

比物件導向程式設計更先進的，是於一九九〇年代備受矚目的代理人導向程式設計（agent-oriented programming）。

這是在第三章第二節介紹過的方法，也就是讓軟體代理人、介面代理人或是網路代理人這類「電子代理人」進入系統，進行各種作業的方法。

各代理人擁有不受其他系統影響的自律性、能與其他代理人溝通的語言，辨識周遭環境，再做出適當反應的回應力，努力達成任務的自發性（這部分屬於某種事前宣告）。

簡單來說，這種代理人導向的魅力就是協調問題與分派工作的部分，因此也有協調傳輸協定這類通信規範，只要能打造優異的代理人，就能讓代理人進入電腦網路之中找東西，完成必要的搜尋。如果能進一步強化功能（例如ＡＩ（人工智慧）），就能透過多個代理人的協調與合作，產生高於預設值的問題解決能力。

代理人導向程式設計之所以流行，在於代理人本身就像是一套知識系統，只要準備多個代理人，就能讓代理人彼此協調，或是像個演員發揮應有的功能。換言之，這就像是一種編輯過程。要在今時今日打造自律分散系統，就少不了應用代理人導向這個概念。

不過，要讓這種代理人擁有自律性，以及彼此的相關性，需要一定的設計能力，而且要在網路系統創造交互作用，就得如第三章所述，互相交換編輯模型，而不是建立代理人，如此一來才更具編輯特性。

不過，物件導向與代理人導向這些概念，的確一步步讓我想像中的次世代「網路編輯系統」更有機會實現。如果物件導向或是代理人導向這類概念沒有問世，編輯工學的夢想肯定愈離愈遠。

儘管只是走馬看花，我們還是針對「方法的未來」這個主題，展望了電子文具的部分未來。不過這些展望也在在告訴我們，作為編輯裝置使用的電子文具能編撰故事的日子已經近在眼前，在我心目中，那就是「敘事型電腦」或「敘事型導航器」出現的日子。

2 編輯的創發性

到目前為止的內容當然都是「編輯到底是什麼？」其中也穿插了「思考是什麼？」「遊戲是什麼？」「語言是什麼？」「歷史曾經過哪些編輯？」的內容。

不過，當我回顧之前的內容，發現有幾項重要的內容忘了說。

比方說，前面曾提過「語言系統非常曖昧」，但真的清楚表達我的意思了嗎？此外，我也想告訴大家「意義是如何導出第二種、第三種意義」，但我真的強調了嗎？看來我是忘了這件事。如果不了解這些部分，恐怕就無法了解「編輯」那出色的特徵。

在寫了「意義是如何導出第二種、第三種意義」這句話之後，就應該引用下列的例子。比方說，日本與美國都有「光陰似箭」這句諺語。看起來日本與美國似乎在這個訊息有所謂的共通感覺，但解釋（編輯）這句話的觀點卻有出入。

「光陰似箭」的英文是 Time Flies like an arrow，而這句英文可以有五種解釋。

時間的速度就像飛箭的速度那麼快。

請以測量飛箭速度的方式測量（time）蒼蠅的速度。

請以飛箭測量蒼蠅速度的方法測量蒼蠅的速度。

請測量像飛箭般的蒼蠅速度。

time fly 這種蒼蠅很喜歡飛箭。

我發現，我沒提到這種解釋是不是編輯。

不過，答案很簡單明瞭。這才是所謂的編輯。不管是什麼句子，都會有很多個意思。編輯工學是「意義的科學」，而且這種解釋方式也證明編輯工學是以「發現關係」為信條。

此外，前面也提過「生命資訊也曾經過編輯」這回事，也提到「分節化」的重要性。分節化可說是編輯最重要的方法之一。

不過，到底什麼是分節化？我有好好說明過嗎？所以我打算再說明一次。

所謂的分節化就是「區分」，而編輯的分節化就是讓分節與其他分節對應的作業。因此，所謂的「區分」其實就是「建立關係」的作業。不區分，就無法建立關係。德國社會學家卡爾・馬克思（Karl Marx）曾寫下「使其分離，再一舉殲滅」的句子，但儘管編輯的分節化不用做到這個地步，但是「分節之後，再建立關係」可說是編輯工學的座右銘。一口氣衝進乍看之下互相矛盾的動向之中，正是「編輯」的本質。

前面也多次提到主語與述語的關係，而且也不斷強調述語的重要性。前面也提過，問題在於將事件拆解成主體與客體這點，但大家是否真的了解這個說法呢？而且前一節也透過物件導向程式設計這種方法說明新型電子文具所擁有的「敘事型電腦」或是「敘述性導航器」的潛力，所以我很擔心各位搞不清楚該把 object 解釋成物件導向的物件還是前述的客體。

當時我對客體的說明是「了解自身內部狀態」的資訊單位。但一般來說，物件是主觀或關聯性分離的客體，會特別強調客體性的這一面，但光是這樣的說明是不夠的，因為與主觀分離的客體應該不存在才對，那只是洛克或康德為了近代而創造的抽象客體而已。

在我主張的「編輯」之中，客體是「意義於內部外溢的東西」，所以在物件導向程式設計的概念裡，程序或是操作性才會內建於單位資訊（資料結構〔capta〕）。

其實還有很多想要補充說明的內容，但還有很多更重要的事情也想說明。

唯獨有件事一定要在此說明。

那就是「編輯是一種創造」。

我之所以主張「編輯是一種創造」，是因為當我長期觀察自然現象與社會現象，便發現編輯的相變（Phase transition）這種臨界點自然而然地浮現。

比方說，當我在公園觀察坐在長板凳的人之後，觀察愈久，愈會發現某種規律性。超商在引進關東煮之後，便發現下午四點的關東煮銷售品項，與晚上七點的關東煮銷售品項有些不同，於是根據時間擬定配送不同關東煮的策略。

換言之，我們不是透過編輯觀察大自然與社會，而是在觀察的過程中，會產生所謂的「編輯創造性」。由此可知，**「觀察」本身就是一種編輯**。

整理上述的看法之後，雖然是很簡單，卻也是個大框架的問題，那就是列出支持「編輯創造性」的觀點，大致可得到下列的結果。

這部分雖然有些複雜，但接下來想依序說明這些觀點，因為這是我奠定編輯思想的問題。

1 自然：「為什麼自然看起來有階層？」

因為只要科學家沒有給予自然規模或階層，就不可能出現自然的編輯。

2 生命：「生命是從什麼時候進入交互作用的？」

那是因為生物除了展現資訊串聯的一面，也將交互作用，也就是所謂的「編輯」當成原本的動向。

3人類：「為什麼人類了解自己？」

那是因為人類會在某個時間點發生必須自我編輯的「內」與「外」的分離。

4社會：「為什麼需要社會組織？」

那是因為一定規模的集團的內部需要避免資訊流失的編輯。

5歷史：「為什麼歷史常陷入混亂？」

那是因為歷史總是不斷地交換資訊與故事，但無法編輯所有的資訊與故事。

6文化：「為什麼文化能保有固定的語言？」

那是因為不管是哪個國家或哪個地方的文化，都知道只有官方語言或方言才會出現「編輯的集中」這種現象。

7機械：「為什麼機械會想要自行運作？」

那是因為機械可以從人類以外的對象導入能量，所以乍看之下，才想假裝成自成一格的系統。

開頭的1的「為什麼自然看起來有階層？」的這個問題，可衍生出我們的「規模、軌道與階層的幻想」是如何出現的這個問題。比方說，科學家到目前為止，假設史瓦茲半徑

（Schwarzschild radius）、「地球的軌道」、「原子內部的階層」這些東西，但這種規模或是軌道並不是一開始就存在的東西。

不過，古埃及與古印度早就將太陽或星星的運轉視為軌道，而這種編輯的世界觀也為後世所繼承，所以與物質的運動或是原子內部的規模、軌道或階層相關的推測才能順利成形。不管是「原子的軌道」或是「細胞到器官的階層」以及「音樂有八度音階」，這些在編輯工學的世界裡，都是以相同的原理拆解知識的方法，並非不同的方法。

不過，所謂的「知識」卻將這些視為不同的方法，而這是因為大學的學問與教育垂直分割了這些東西。這樣是不行的，因為這些是彼此相似的東西，我的想法也總是從這個觀點出發。

2的「生命是從什麼時候進入交互作用的？」的這個問題說明生物不一定是孤立的，因此，是以資訊的方式互相連結。

這意味著大部分的生物都活在「互相編輯世界」之中，而在這個世界之中，一定會發現類似植物與昆蟲的「共生與共振」的資訊編輯機制。洛倫茲或知名荷蘭動物行為學家廷貝亨（Nikolaas Tinbergen）提出的動物行為學，就是探索這種資訊編輯機制，重視橫向關係的研究方法。

不過，若繼續以這個觀點研究，就會發現，與其說植物與昆蟲是獨立的個體，是後來才建立相關性，不如說是一開始就有所謂的「互相編輯的資訊的密度」，然後在這個密度不斷擴張之下，在讓植物與昆蟲成對產生(Pair production)。換言之，是「編輯的創發性」讓植物與昆蟲同時進化，這就是「花朵是女人嗎？男人是蝴蝶嗎？」這句歌詞的含義。

3的「為什麼人類了解自己？」已是近代的大哉問。這個問題會浮上檯面很正常，但是到目前為止，都還沒看到從「自我的創發」如何推動編輯，又是如何阻礙編輯的角度探討這個問題。我覺得直到近代才感悟「自我誕生了」真的很奇怪，因為早在屈原或是艾斯奇勒斯(Aischylos)、筏駄摩那的時代裡，自我早已是近代的自我。

為什麼我們會決定創造自我呢？要思考這個問題，可觀察幼兒如何創造自我。我認為，這與「察覺場所」的方法有關係。換言之，我希望大家將幼兒對「內」與「外」的區分，以及「這裡」與「那裡」的區分，視為「自我編輯性」的齒輪。如此一來，日後的電子式「自我編輯系統」也必須具備自我創發的功能。遺憾的是，到目前為止，還沒有人知道電腦系統的「自我」到底是什麼。

接下來4的「為什麼需要社會組織？」這個問題應該不是太難回答，因為不管是軍隊、官僚還是企業，這類組織「都是資訊編輯系統化為體制的結果」。

在這些組織之中，都有避免「資訊流失」的編輯運作，但如此一來，在這個編輯過程之中，一直都有「編輯的自我侷限力」運作，在編輯工學的世界裡，認為這種屬於編輯的自我侷限與隨之而來的創發性，也是必須注意的一部分。

5的「為什麼歷史常陷入混亂？」是至今都鮮少被討論的觀點，因為這是一種「交換與暴力」的問題，換句話說，這是必須先釐清「經濟與戰爭的起源」才能回答的問題。

不過，歷史本來就不追求所謂的「穩定」，一直以來都是朝向「混亂」的方向發展，而這點也差不多該成為討論的一大對象。說到底，這與國家、民族、企業為什麼無法完成自我編輯性有關。簡單來說，在內部產生矛盾，矛盾又外溢的時候，為了進行不合理的交換，便發生了經濟與戰爭的混亂。如果不明白這點，就無法了解「戰爭遊戲」的必然性與「市場失敗」的理由。和平憲法或是聯合國軍隊仍無法解決任何矛盾。

那麼，歷史到底是由誰編輯的呢？當然不可能是由歷史學家編輯。歷史學家不過是在歷史發生之後編寫歷史的人。

曾有一段時間，歷史貌似由第二以賽亞、以斯拉、尼希米這些預言家編輯，但他們頂多就是在某個集團或是部族之中進行編輯而已。此外，亞歷山大大帝、成吉思汗、拿破崙、毛澤東也曾經想要編輯歷史，但不管是織田信長還是俄羅斯無產階級革命家托洛茨基（Lev Davidovich Trotsky），以及每一位政治家與革命家，都曾是歷史的編輯者，若問這種編輯能否讓歷史變得穩定，答案是最多只能帶來極為短暫的平穩而已。

或許大家都不願相信歷史偏好混亂這個事實。這與資訊熵理論非常相似，總是非常曖昧，以及想要挑戰熱死的境界。

假設上述的內容屬實，那麼相對於生命「不斷地吞噬負熵」（奧地利理論物理學家薛丁格〔Erwin Rudolf Josef Alexander Schrödinger〕）這件事，歷史則「貪食著正熵」。歷史創造的「編輯創發性」，只在個人的想像力之中，如同煙火般綻放。其實武田泰淳就曾經指出這點（話說回來，司馬遷也早就提出這種看法），而這也是走向滅亡的想像力。

其實這裡還有其他觀點。

也就是歷史總是由源自被統治者的網絡編輯成故事的觀點。本書沒有足夠的篇幅說明這點，有興趣的讀者可參考我所寫的《易碎》（筑摩書房）一書。

6的「為什麼文化能保有固定的語言？」是自「巴別塔」之後的問題。

所謂的「巴別塔」是指原本這世界的語言只有一個，而當這個語言開始分裂，全世界各地就出現了不同的語言，而且互別苗頭的故事。人類為了與上帝平起平坐，而打算建造一座能直到天際的塔，結果卻因此惹怒了上帝，上帝也讓人們之間的語言無法相通。這就是這場悲劇的始末。

所謂的「巴別」就是語言無法相通的地方。

不過，人類並未因此放棄，還是不斷地想方設法創造所謂的「世界語言」或是「通用語言」。最初，西班牙人亞伯拉罕・阿布拉菲亞（Abraham Abulafia）透過「先知卡巴拉」學校擬定通用語言的計畫，而義大利中世紀詩人但丁阿利吉耶里（Dante Alighieri）則透過《論俗語》（*De vulgari eloquentia*）構思亞當的語言，加泰隆尼亞作家拉蒙・柳利（Raimundus Lullus）則透過《大術》（*Ars magna, generalis et ultima*）暗示了全世界的語言有可能融合這件事。

自此，掀起了一波世界語言實驗的熱潮。在法國語言學家吉拉姆・波斯特（Guillaume Postel）一五四四年出版的《世界和合論》（拉丁文版 *De orbis terrae concordia*、英文版 *Concerning the Harmony of the Earth*）、瑞士博物學家康拉德・格斯納（Conrad Gesner）一五五五年出版的 *Mithridates: de differentis linguis*、德國耶穌會成員阿塔納奇歐斯・基爾學（Athanasius Kircher）、一六七九年出版的《巴別塔》（*Turris Babel*）這些著作陸續問世後，以及德意志律師萊布尼茲（Gottfried Wilhelm Leibniz）發表通用語言論之後，這個傳統最終催生了約翰尼斯特里特米烏斯的 Polygraphia 語、荷蘭數學家漢斯・洛伊登薩的「宇宙語」和波蘭籍猶太人柴門霍夫的世界語（Esperanto）。這個動向至今也於探索程式設計語言之一的機械語言延續下去。

如果想要進一步了解探索世界語言的歷史，建議閱讀義大利小說家安伯托・艾可（Umberto Eco）的《尋找完美的語言》（*La ricerca della lingua perfetta nella cultura europea*）這本內容精湛的解說書籍。

此外，這個大哉問也有必要從完全相反的角度思考。也就是想請大家思考「儘管文化保有傳統語言，那麼文化能透過語言轉移嗎？」這個問題。之所以想請大家思考這個問題，是因為其中暗藏著某種「編輯文化」，這也是我在前一章的第三節曾試著說明「編輯現實感」的效用時，曾經提過的內容。

最後的7「為什麼機械會想要自行運作？」可視為資訊編輯歷史之中的「資訊的節約與過剩」的問題。

機械一直以來不斷地實現「加速的夢想」（讓新幹線的速度更快），或是追求「人工的構築」（打造更舒適的建築物），卻不知不覺地代替人類，進行了某些編輯，比方說，新幹線發生意外時，機械會代替人類修補問題，空調故障時，冷氣機會自行復原。這一切都是人類為了節約某種事物所導致。不過，當人類愈是節約資源，機械愈會累積更多資源，而這真的是我們想要的編輯性嗎？

不過，機械持續發揮「編輯創發力」也是不容忽視的現象。比方說，人工心臟這類人工臟器就是這種創發力向我們拋出的新問題。此外，更典型的問題則於「核」的討論之中出現。核問題並非擁有鈾的問題，而是與核爆裝置的開發有關的問題。換言之，就是機械的問題。

不知道大家是否聽懂我想說的事情了。

我簡要描繪了「編輯工學的思想藍圖」，也強調了不一定只能沿用過去的編輯方法，還能隨興所至地進行編輯，意思就是，「既有的編輯方法」固然重要，但是「恣意的編輯方法」早已充斥於我們的身邊。

話說回來，上述的七個項目都是現在的學問或是知識系統鮮少提及的問題。一直以來，我都不斷地思考這些問題，不管學了什麼，也不管從事什麼工作，都免不了將注意力放在自然、生命、社會的底層存在的矛盾。若是說得更明白一點，我每一天都想透過編輯的手法，介入這個於底層存在的矛盾。對這些問題的關注，也可說是我這個人的本質。

3 邁向緣廊的編輯

我對於在京都出生與長大這點相當自豪。

也很感謝從京都學到的事情。

不過，若要一語道出京都這個地方的內情，恐怕沒那麼容易，因為京都的內情是那麼豐饒與稠密。

假設京都的政界或是財界打算傾全力打造「京都」這個大型展場，該怎麼設計，或是該採用何種資訊結構，一時之間肯定找不到適當的方法，如果弄巧成拙，有可能只是迂腐地將西陣織、舞妓與八橋這種甜點放在一起而已。

比方說，「雅」是經過 miyabu → miyaburu → miyabi，這一連串的歷史發展而來的感覺，而在現代該譯為洗練感的「雅」，蘊藏著比洗練感更多的感覺，如果想要編輯這種感覺，恐怕得以藤原文化到北山、東山文化，乃至於寬永文化的所有動向為背景，而這肯定會讓人站在原地，不知所措。如果要進一步說明「雅」與河原者文化的相關性，肯定只能舉雙手投降。

雖然我到目前為止，製作了各種編輯作品，但總是時不時地想要提出無比巨大的資訊編輯構造。

以耗時五年準備的《全宇宙誌》為例，我將整本書的頁面設計為黑色背景，再讓資訊如同星塵般，配置在頁面之中。這是我與杉浦康平聯手製作的書籍，我們兩個絞盡腦汁思考，該如何將宇宙的構造、星球的一生以及其他與宇宙相關的資訊，全透過這本書介紹。

之前在講談社的委託之下，負責編輯《Art Japanesque》這套全書共十八卷的日本美術文化全集。在這套書之中，不管是繩文文化、和服文化還是王朝美術，我在每一冊都試著打造共通的資訊結構原型，試著根據這個原型，以和攏（holonic）的手法壓縮日本美術文化史的資訊。我想，至今應該還沒有出現能夠超越日本美術文化全集的作品。此外，《日本的組織》（第一法規）這套共十六卷的作品，以相同的繪製方式繪製了所有的組織圖，其中包含內閣、讀賣巨人隊、TOYOTA 汽車與祇園的組織（組織的中心為高層以及員工的圖示），試著以相同的觀點比較日本的組織架構。

前面也曾稍微提及的《資訊的歷史》（NTT 出版）是催生編輯工學研究所的作品，也是介紹人類的誕生到柏林圍牆倒塌的年表，這本書還以「從象形文字到人工智慧」為副標題。在編輯這本書的時候，我將世界史與日本史全混在一起，也在年表植入大小不一的標題，還讓五條資訊文化帶像是高速公路般，於歷史之中交錯縱橫，也透過圖解與文案建立資訊文化史的大綱，藉此顛覆所有的常識。

催生規模如此巨大的編輯作品的確很辛苦。我麻煩了許多朋友幫忙，整個過程就像是拍攝電影般辛苦，而且沒有人會想到編輯一部作品，需要耗費這麼多人力，規模會如此浩大，所以在資金方面遇到了問題。

不過，在經歷這次的編輯作業之後，我得到了與搭乘客機，抵達全世界各處空港，探訪各地歷史完全不同的「時空距離感」。那是一種歷經千辛萬苦，穿越「意義的時空」的強烈感受，也是一種耗盡所有想像力，「掏空所有知識」之後的感受。

若稍微換個角度來看，這種編輯作業不斷地從極為寬廣的視野告訴我，我與這個「世界」之間的相關性。不管是誰，只要試著透過自己的方法編輯宇宙論或是日本文化史，就會立刻得到相同的體驗。

我們總是不自覺地將自己與世界分開來思考，因為這樣比較輕鬆。可是令人意外的是，名為「自己」或是「我」的個體其實與許多人以及事件連結。

比方說，「松岡正剛」這個資訊是承載於「資訊的扇子」的資訊之中，而在這個資訊的扇子之中，還有在京都的吳服屋出生，是東京九段高中的畢業生，是日本職業棒球東京養樂多燕子的球迷，是男人這種生物，也是日本人與亞洲人這類資訊。換句話說，「我」是繼承了「世界」的部分的爆點。

對現在的日本而言，該如何描繪所屬的資訊世界是一大課題。

在國際掀起猛抨日本運動，並且提出「日本問題」一詞的荷蘭新聞記者卡雷爾・沃爾費倫（Karel van Wolferen）曾多次點出日本的問題，甚至在《讓人變得不幸福的日本》（*The False Realities of a Politicized Society*）這本書名不假修飾的書裡，提出「日本或許懂得什麼是 responsibility（責任），卻不懂什麼是 accountability（當責）」。這兩個詞彙雖然都與「責任」有關，但 responsibility 是自己該背負的「責任」，而 accountability 則是「交出成果並且說明的責任」。他的意思是「日本人從來不打算說明任何事情」。

日本人的確很不懂得說明所屬的資訊空間與資訊構造。

宇宙到底是什麼？亞洲是什麼？東海的經濟文化是什麼？日本、東京、家人、隸屬的公司到底是什麼？日本人極度缺乏說明這些的能力。

在過去，這種自問自答是哲學的起點，也是重視歷史的開端，但是在二次世界大戰結束之後，過度重視「結果平等」的民主主義隨之興起，導致大眾覺得這些自問自答很愚蠢。即使如此，我們是否擁有「與自己有關的知識」，以及我們是否具有同時說明「與自己有關的內部狀態」以及「自己的外延狀態」的能力，都是非常重要的問題。

在一九九一至二〇〇一年，頻頻成為標語，卻逐漸淪為空談的「個人化與全球化的同步」，其實就與上述的問題有關。

平心而論，最能清楚說明所屬之處的是語言，瑞士語言學家索緒爾（Ferdinand de Saussure）的語言學將共同體成員之間共通的編碼，也就是各國語言稱為語言（langue），同時將說明個人心理現象的言語稱為言語（parole）。從這種分類來看，語言的歸屬性較強，言語則是更為曖昧的口語。

不過，能說明京都內情的，當然是京都腔這種言語。比起屬於語言的「雅」這種概念，在目擊某件事情時，讓京都人不禁喃喃自語地說「這還真是了不起啊」的這種京都腔，更能說明京都的內部狀況。

之後我想試著編輯的世界是能儲存「與自己相關的知識」的系統，是讓這類知識隨意組合也不會出現任何突兀的相互編輯系統。我希望透過這種系統觀打造「京都」這種主程式時，透過言語而不是語言連接系統的緣廊，或是透過述語而不是主語串聯系統的緣廊。

其實日復一日，努力生活的人們自發而不間斷地打造這類系統。於柳田國男採訪的岩手縣遠野流傳的故事也是這類系統。我的母親告訴我的故事，也是一種言語、述語，以及於我與母親的關係之中存在。

我想研究與開發不斷自動產生這類資訊的編輯系統。如果真能開發出這種編輯系統，那麼不管對象為何，都一定會出現與自己連結的世界。

話說回來，在撰寫這最後一章之前的旅行裡，我剛好讀了兩本書。其中一本是美國作家麥可・海姆（Michael Heim）的《從界面到網絡空間——虛擬實在的形而上學》(*The Metaphysics of Virtual Reality*)，另一本是斯帆・伯克茨（Sven Birkerts）所著的《古騰堡的優雅》(*The Gutenberg Elegies*)。

前者這本書是自詡為網路空間居民的作者一邊比較萊布尼茲、超文件、海德格與加拿大哲學家麥克魯漢（Herbert Marshall McLuhan），一邊生動地傳遞電腦文化的作品，也不斷強調網路空間的包容性。

後者這本書則是一推出就受到美國全土注意，是一本緬懷活字文化餘香的書籍。《古騰堡的優雅》這個書名當然是在諷刺麥克魯漢的名著《古騰堡星系》。要揶揄麥克魯漢的理論是件容易的事，但這本書有許多值得一讀的論點。

可惜的是，我對這兩本書都有一些不滿。唉，與其說是不滿，不如說是不滿足，因為資訊通訊的書、虛擬實境的書、多媒體的書，以及批判這些主題的書，有很多都是朋友所寫的書，我也讀了不少這類書，但還是沒辦法得到滿足，這還真是傷腦筋啊。

因此，我試著找出不滿足的理由。

這並不一定就是結論，但我想到了一件事。那就是總括來說，這類書都無法給我在遇到超文本與大綱標記處理器的時候，或是在聽到梅棹忠夫、美輪明宏、平尾誠二與母親的故事時，那種令人雀躍的新鮮感。

為什麼明明寫的是令人雀躍的文章，卻會變得無趣呢？這雖然也不算是結論，但我認為這些文章都未顧及所謂的「可變性」、「多層性」與「不安定性」。這些文章都太過線性，而且都是作者一個人自說自話，讓讀者的思考備受束縛。

既然已經寫成文章，就不能無聊。只要是寫得還可以的小說，我們都能沉浸於小說之中的「世界」，也能在這個世界之中盡情想像。可是，上述的書卻沒能讓我得到這種樂趣，這真是非常可惜的事情。

接下來的內容也與編輯工學的本質息息相關，所以才想事先說明。令人感到興奮或是有趣的事情通常都有下列的特徵，也就是在故事之中的事件或知識分別與「自己相關的知識」建立超連結，然後於故事之中出現或消失。

希望大家能夠先了解這第一個的特徵。簡單來說，就是「與自己有關的內部狀態超連結化」，具備這種特徵的詞彙或事件將於我們日後開發的電子文具或是寫作空間。

第二個特徵是，能讓人雀躍的故事通常會是非線性的構造。覺得邏輯或辯證有趣的時代早就已經結束。法國詩人崔斯坦・查拉（Tristan Tzara）、愛爾蘭作家詹姆斯・喬伊斯（James Augustine Aloysius Joyce）、馬塞爾・杜象、美國藝術家安迪・沃荷(Andy Warhol)也拚盡全力放棄邏輯主義。此外，要讓人感到興奮，就必須勇於挑戰，讓故事充滿不穩定與不飽和的述語性。德國物理學家維爾納・海森堡（Werner Karl Heisenberg）或是法國哲學家米榭・塞荷（Michel Serres）也早就提醒我們這點。

我想從事的果然還是建立這種自由編輯狀態的工作，而且不想從事那些只是不斷歌頌多媒體、虛擬實境，或只會皺著眉頭，擺著一張苦瓜臉的工作。就算活字文化已經式微，我也不想對電子文具多有置喙。

另一個特徵，亦即第三個特徵，就是對知識的舊有編排方式抱有疑問，挑戰全新的編排方式。

一如前述，知識是雙面刃，既能幫上忙，也能成為某種干擾。有許多知識已經變得索然無味。因此，就算老子、莊子與古希臘哲學家伊比鳩魯提出拋棄知識這個辦法，但還是沒辦法真的放下知識（不過，老子、莊子與伊比鳩魯鼓勵玩樂這件事，倒是值得保留）。

另一方面，也有人提出「是智慧不是知識」這個看法，但這終究只是一種意見。若問到底該怎麼做，那就是**先拆解舊有的知識框架，再隨心所欲地重新排列組合**。自一九七〇年代後半開始，也有人提出典範轉移、重組、解構這類關鍵字，藉此提倡拆解舊有知識框架這件事，但就如同我前面多次提到的，這個目標始終未能實現，因為推動典範轉移或解構的知識分子讓知識變得更加棘手。

此時最佳的做法不是由某個人負責重新編輯知識，而是以整個網路，整個群體，也就是集體智慧的方式，讓知識重組為立體結構，而此時的重點不在於編輯知識，而是將編輯化為知識。

我心目中的編輯就藏在這種令人無比雀躍的「自由編輯狀態」之中。不過，這並非是因為與自己所屬的世界無緣，而是與所屬世界的本質有關，也與「方法的自由」與「關係的發現」有關。

我們是已經被拋出的存在。我們在歷史之中被拋出，在萌生自我意識之際，所有的先行性便已經準備就緒。編輯是從先行性之中出發的過渡工作。

或許，可做出下列的結論。

我們，以及這些事物都已經有名字（naming）。所以，不管是多麼獨一無二的名詞，都應該賦予全新的自由。這些事物也正在等待這件事。

我們（它們）已經身處記述之中（describing），所以我們本身應該以多種屬性記述。

我們（它們）已經組織化（organizing）。我們的確是以生物的形式成為組織的一員，成為家庭的成員之一，成為日本人之一，已經擁有這種組織化的起點。事物與現象也已經過組織化。這代表，我們（它們）在任何情況之下，都有多個「起源」，也繼承了這些起源的資訊。

我們（它們）早已建立了某種相關性（relating），所以增加更多種關係，再讓這個關係的屬性互相結合比較輕鬆。我們（它們）總是身處相互關係的網絡之中。

我們（它們）本來就受到限制（constraining）。不過，受到限制代表可隨時創造規則。說得更精準一點，隨時都可以建立自我修正的規則。

正因為我們是「被抛出的存在」，所以才能進行「自我編輯化」的作業。我想透過本書說明的所有內容，盡在這點之中。

首先，讓我們先從聯想遊戲開始。

接著試著回想小時候玩得很起勁的遊戲。那些遊戲應該蘊藏著許多我於本書介紹的編輯祕密。接著，希望大家試著從自己的知識取出部分的知識，再進行分節化的處理，然後讓分節之後的知識與其他資訊模組對應。如果你喜歡的是昆蟲，可試著讓昆蟲的分類與分類雲層型態的用語對照。如果很喜歡時尚服飾，可試著讓時尚服飾的用語與經濟用語或是音樂用語的分節性比較。這種嘗試能幫助大家瞬間了解編輯的祕訣。

接著要請大家嘗試的是，將昨天一整天發生的事與知名的故事連結，然後再逆向操作，用《安徒生童話》的某個故事，套用在昨天一整天發生的事情上面。如果行有餘力，可以先挑出兩部喜歡的電影，再試著比對這兩部電影的故事或場景，大家一定會為了這兩部電影的相關性感到驚訝。

接著，可試著畫出理想的房子、房間或是屬於自己的領域，如果可以，也能買一些圖片較多的文化人類學、民俗學或是心理學的書，看看書中有沒有與你畫的圖相似的圖片。令人意外的是，應該會發現你畫的圖與書中的某些圖片相似，也有可能發現這些圖片與你畫的圖有些出入。

如果有機會與朋友合作，可試著將朋友說的話錄下來或是寫下來，然後進行彙整。接著是盡可能精簡這些內容，再加上標題與書名。最後則是拿給朋友看，聽聽朋友的感想。

挑選五本喜歡的書，再試著將這五本書的內容整理成資訊地圖，能強化編輯的能力。如果手邊有MAC電腦，可試著將這五本書的資訊打造成超媒體，讓這些資訊彼此連結，肯定會更符合編輯工學的概念。反之，可以挑選喜歡的漫畫，再視情況剔除漫畫的內容，讓漫畫只剩單一的故事線，這也是不錯的練習。然後讓朋友看看這條故事線，請朋友稍微替這條故事線加油添醋。這個過程算是相互編輯的練習，也是讓自己與別人的知識融合，打破自他界線的練習。

我更想推薦的是試著設計遊戲。

編輯的本質是遊戲，而遊戲的本質則藏在編輯之中。希望大家利用手邊的道具或是空間玩遊戲，或是做做運動也可以。雖然這個遊戲需要一定的人數才能進行，但如此一來，規則就有可能於過程之中自行誕生。如果實在想不到該玩什麼遊戲或是運動，也可以自行改造現有的遊戲與運動。橄欖球就是在這種改造之下誕生的，搖滾樂也是如此。

如果還是沒辦法找到新遊戲的話，可以走進小孩子的世界，試著替小孩子設計遊戲。小孩子最知道什麼才是遊戲。

編輯可以在任何地方，以任何形式開始。

利用既有的設施、工具或是媒體進行編輯很有趣，但是，讓自己成為「一台機器」、「一個節目」或「一排樂器」，是更加令人暢快的嘗試。我們都是自己的歷史，也是編輯引擎。

結語

這本書一方面是「編輯工學」這個方法的入門書，另一方面也是想試著從各個面向討論「編輯是蘊藏於人類活動之中，最基本的資訊技術」這個主題。

大部分的人在聽到「編輯」一詞時，想到的都是報紙、雜誌、電影、電視的文字或是影像的剪接，或是會想到編輯這個職業。「剪接」固然是編輯的功能之一，但我心目中的編輯卻遠遠不止於此，因為編輯在五花八門的現象之中運作。說得更簡單明白一點，在我們大腦之中發生的事情，大部分都屬於編輯的範疇，就連我們之間的溝通，在本質上也是編輯的一種。

一直以來我對資訊的基本動向都有三種見解，分別是「資訊如同生物活著」，其次是「資訊無法離群索居」，最後是「資訊已窮途末路」。

「資訊如同生物活著」的意思是，生命的本質本就是遺傳基因這類資訊的編輯，人類也是在這個資訊編輯架構之下活動。其次的「資訊無法離群索居」是指，資訊不斷地和其他資訊聚散離合，和其他的資訊之間有所謂的「緣分」。最後的「資訊已窮途末路」則是指資訊是正在尋找去處的「流浪兒童」，等待適當的帶領。若以一句話形容這三個動向，那就是資訊會互相建立關係，找出這種關係線的作業就是編輯。換言之，編輯就是「發現關係」。

此外，我認為**資訊具有交通工具、服飾與持有物這三種變化**。資訊會於不同的媒體或載體之間轉乘，會不斷地換穿各種圖案或花紋的衣服，也會不斷地更換「內容」這種持有物，意思是，資訊本身有這些載體、設計與比喻的概念。透過工學的手法處理這些奇妙的屬性，正是編輯工學的目的之一。

編輯隨時於任何人身上發生。因為說話本身就是一種編輯，正在煩惱某事的時候，這種煩惱也是一種編輯（就算在睡覺，大腦也會持續編輯）。

不過，這裡有個小問題，那就是我們很難知道編輯正如何進行。因此，本書之所以會雜七雜八地說明這麼多，全是想告訴大家，我們該如何得知「在自己身上出現的編輯狀態」。接著再告訴大家，有哪些系統或工具幫助上述編輯進行。

要進一步體會這件事，就必須先知道古今中外的歷史之中，有許多不容忽視的編輯實驗。話說回來，佛經與聖經就是最大的編輯成果，而亞里斯多德、紀貫之、狄德羅、折口信夫也是偉大的編輯者。為此，本書才會不斷地介紹這些歷史上的編輯範例。此外，只要爬梳編輯的歷史，就不難發現自古以來，有許多典型的編輯方法。因此，我才會說明「故事」這種編輯方法的初步內容。

在校對本書的過程中，拍了一週，長度為七十五分鐘的ＮＨＫ電視節目也剛好拍完。這個節目的名稱是「未來潮流，網路就是一種編輯」。我是這個節目的引言人，而多媒體派的導演Ｋ先生認為「松岡先生自一九七一年創立《遊》以來，就一直是準備迎接網路的人」，所以本該是介紹網路的節目，卻變成介紹「編輯到底是什麼？」的節目。

其實在網際網路運作的網景網頁瀏覽器的網路還不算是「編輯」。現在的網路只是編輯的替代品。我也總算明白，未來的網路需要「相互編輯性」，每一位使用者則需要具備「自我編輯性」。雖然我不是從事多媒體的人，卻不知不覺地被推到第一線，負責開發與研究具備相互編輯性與自我編集性這兩種概念的編輯型多媒體。

編輯工學研究所也為此開發了各種編輯工具，本書也介紹了多種這類研究開發的基礎作業。不過，編輯工學是探索「思考技術」或「呈現技術」的方法，也就是探尋這些方法的方法，但我不覺得進行研究或開發，就算是一種編輯。我堅信，每天努力不懈地琢磨自己的編輯世界觀，才是編輯的精髓。本書的後半段提到了不少在琢磨這種編輯世界觀之際所需的提示，尤其在第六章處理了有點複雜的問題。

此外，本書的前半段也稍微說明了我對編輯世界觀產生興趣的過程。我是因為某位交情甚篤的女性發生意外，才因緣際會地進入編輯的世界。這也告訴我，人類為什麼得進行這種追根溯源的「編輯冒險」。

為了喜歡從「結語」開始讀起的讀者所寫的簡短「前言」就此打住。如果各位對本書的內容有興趣的話，務必從本書的開頭閱讀。對我來說，這是一本打破禁忌的書，也是難得一見的書。因為我是個懶得說明自己的專業與工作的人。

讓我願意打破禁忌的是朝日新聞社的中島泰與編輯工學研究所的澀谷恭子。感謝這兩位不斷地督促與激勵我。此外，雖然無法一一細列這些貴人的名字，不過在寫這本書的過程中，的確得到不少貴人相助。感謝大家的「編輯」，我也的確得到被編輯的快感。

國家圖書館出版品預行編目 (CIP) 資料

知識的編輯學 : 日本編輯教父松岡正剛教你如何創發新事物 / 松岡正剛著 ; 許郁文譯 . -- 初版 . -- 臺北市 : 經濟新潮社出版 : 英屬蓋曼群島商家庭傳媒股份有限公司城邦分公司發行 , 2023.07
面 ; 公分 . -- (自由學習 ; 43)

譯自：知の編集工学

ISBN 978-626-7195-35-2（平裝）

1.CST: 編輯 2.CST: 資訊科學

028 112008292